U0901094

Yunnan Survey Yearbook

国家统计局云南调查总队　编
Survey Office of the National Bureau of Statistics in Yunnan

中国统计出版社
China Statistics Press

图书在版编目（CIP）数据

云南调查年鉴. 2017 : 汉英对照 / 国家统计局云南调查总队编. -- 北京 : 中国统计出版社, 2017.7
ISBN 978-7-5037-8209-1

Ⅰ. ①云… Ⅱ. ①国… Ⅲ. ①统计资料－云南－2017－年鉴－汉、英 Ⅳ. ①C832.74-54

中国版本图书馆 CIP 数据核字（2017）第 167692 号

云南调查年鉴-2017

作　　者/国家统计局云南调查总队
责任编辑/李　冲
封面设计/李雪燕
出版发行/中国统计出版社
通信地址/北京市丰台区西三环南路甲 6 号　邮政编码/100073
电　　话/邮购（010）63376909　书店（010）68783171
网　　址/http://www.zgtjcbs.com
印　　刷/河北鑫兆源印刷有限公司
经　　销/新华书店
开　　本/880mm×1230mm　1/16
字　　数/350 千字
印　　张/12.5
版　　别/2017 年 7 月第 1 版
版　　次/2017 年 7 月第 1 次印刷
定　　价/280.00 元

本书附同版本 CD-ROM 一张，光盘内容以书面文字为准。
如有印装差错，由本社发行部调换。

《云南调查年鉴-2017》

编委会和编辑人员

Yunnan Survey Yearbook 2017

Editorial Board and Editorial Staff

编者说明

一、《云南调查年鉴》是一本重点反映云南经济发展变化的工具书。通过大量调查数据，全面记载云南省城乡居民收入、生活消费、居民消费价格、工农产品生产价格、农业调查、专项调查等的各项统计调查数据。同时，为了方便使用和对比，本资料增加了全国及各省（区、市）的统计调查数据。

二、本年鉴内容分 5 个部分。住户调查、价格调查、农业调查、专项调查、全国及各省（区、市）资料；为了方便读者使用，我们还附有调查简要说明与主要指标解释。

三、资料中所使用的度量衡单位均采用国际统一标准的计量单位。

四、本年鉴中部分数据合计数或相对数由于单位取舍不同而产生的计算误差，均未作机械调整。

五、符号使用说明：

“＃”表示其中的主要项；

“空格” 表示没有、不详或不掌握该项数据；

“•” 表示数值较小，统计上不显著。

由于编者水平有限，加之时间仓促，资料的时间跨度较大，本年鉴不当之处，敬请读者批评指正。

Editor's Notes

Ⅰ. *Yunnan Survey Yearbook* is a tool book focus on the economic development of Yunnan. Recording of the income of urban and rural residents, consumption, consumer prices, prices of industry and agriculture products, survey of agriculture production, special survey of Yunnan through a large number of survey data. At the same time, in order to facilitate comparison, this information has increased the national and provincial (autonomous regions and municipalities) statistical survey data.

Ⅱ. This yearbook contains 5 parts: Household Survey, Price Survey, Agricultural Survey, the National and Provincial (autonomous regions and municipalities) Data; We also have brief introduction and explanatory notes on main statistical indicators in each part for the Convenience of readers.

III.The units of measurement used in the book are internationally standard measurement units.

Ⅳ. Statistical discrepancies on totals and relative figures due to rounding are not adjusted in the Yearbook.

Ⅴ. Notations used in the yearbook:

"#" indicates the major items of the total;

"blank" indicates no, unknown or not master the data.

"•" indicates that the value is small and statistically insignificant.

Due to the limited time and the level of the editor, this book is bound to have some mistakes, please provide your advice if necessary.

目　　录

第一部分　住户调查

Household Survey

第二部分　价格调查

Price Survey

第三部分　农业调查
Agricultural Survey

第四部分　专项调查
Special Survey

第五部分　附　　录

Appendix

住户调查

Chapter 1

Household Survey

简要说明

一、本篇资料的主要内容

本篇资料反映云南省城乡居民收入、消费及其他生活状况等主要经济指标。

二、居民生活状况资料来源

住户收支与生活状况调查的数据是以住户为单位，在常住地参加调查。调查内容主要包括居民现金和实物收支情况、住户成员及劳动力从业情况、居民家庭食品和能源消费情况、住房和耐用消费品拥有情况、家庭经营和生产投资情况、社区基本情况以及其他民生状况等。

三、调查组织

住户调查由两部分组成。一是分省住户调查，以省为总体进行抽样，主要目的是准确反映全国及分省居民收支水平、结构、增长速度，收入分配格局以及政策对居民生活状况的影响。二是分市县住户调查，以市、县为总体进行抽样，主要目的是准确反映分市县居民收支水平和增长速度，满足政府对市县管理的需要。 国家统计局统一领导住户调查，负责制定调查方案，组织调查实施，监督调查过程，审核、处理、汇总调查数据，发布全国和分省城乡居民收入、消费和生活状况数据。 国家统计局各调查总队按照国家调整方案规定，负责组织分省住户调查工作，牵头并会同各省级统计局组织分市县住户调查。分市县住户调查具体实施方案必须按照《国家统计局关于加强和改进分市县住户调查工作的通知》和国家调查方案的要求，由各调查总队会同省级统计局制定后上报国家统计局审批。 各级统计调查部门应按照方案规定，认真组织实施调查，确保调查数据质量。

四、城乡一体化住户调查概况

为满足政府统筹城乡发展、改善收入分配格局、让全体居民共享发展成果等战略需要，国家统计局对城乡住户调查进行了一体化改革，统一了城镇和农村居民收入和支出调查的分类标准、指标名称与口径，并按照统一的抽样方法和程序，在我省抽选了20300户城乡居民家庭，从2012年四季度起正式开展城乡一体化的住户收支与生活状况调查。在国家统一抽选的20300户城乡居民家庭中，有5000户为分省住户调查样本户，调查结果代表我省城乡居民的收入平均水平。

至2013年底，按照国家新制度规定，云南调查总队收集了调查户 12 个月的记账数据，并于 2014 年 1 月底根据全国统一的计算要求，初步汇总计算出2013年城乡可比的全省居民可支配收入，经国家评估认定后，得到最终的全省居民人均可支配收入。

启用城乡可比的居民可支配收入，一方面可以更加准确地反映全体居民收入分配全貌，为国家制定统筹城乡发展和调整收入分配格局政策提供全面可靠的信息；另一方面，也可以用统一标准监测城乡居民收入增长和差距变化，更加准确地反映不同群体居民对经济发展成果的分享情况；同时，也填补了我国缺少全体居民收入数据的空白。

五、变动情况

城乡住户调查一体化改革后，新口径的城乡居民收入与老口径的城乡居民收入主要有四点不同:一是指标名称不同，新口径的农村居民收入是农村人均可支配收入，老口径是农民人均纯收入，城镇居民不变；二是抽样方法不同，新口径是城乡统一抽样，老口径是城乡各自抽样，同时，具体的抽样过程也有较大差异；三是调查范围不同，新口径是区域内的所有常住居民户，不包括外籍住户，老口径由于城乡分别抽样，调查范围互有重合和遗漏的区域；四是指标口径不同，主要的区别是新口径的城乡居民可支配收入包括实物收入和自有住房折算净租金，老口径城镇居民可支配收入不包括实物收入部分，老口径农民纯收入不包括自有住房折算净租金，另外，收入分项指标的口径也有一些变动。

Brief Introduction

I. Main Content

Data in this chapter reflect major economic indicators in Yunnan, including income, consumption and other living conditions of urban and rural residents.

II. Data Source of living conditions of residents

The survey about income and expenditure and living conditions of households is based on household as a unit, and is performed in permanent residence. The survey mainly includes cash and in-kind income and expenditure conditions of residents, employment situations of household members and labor, household consumption conditions of food and energy, housing and durable consumer goods in possession conditions, family business and production investments conditions, basic conditions of community and other people's livelihood status.

III. Organization of Survey

Household survey consists of two parts. One is household survey by provinces, taking samples by province as overall, the main purpose is to accurately reflect the national and provincial income and expenditure level of residents, structure, growth rate, income distribution and the impact of policies on the living conditions. The other is household survey by cities and counties, taking samples by cities and counties as overall, the main purpose is to is to accurately reflect the income and expenditure level of residents and growth rate by cities and counties, to meet government's needs of management to cities and counties. National Bureau of Statistics has unified leadership of household survey, household is in charge of household survey, responsible for developing survey program, organizing survey implementation, supervising investigation process, checking, processing, summarying survey data, publishing data about national and provincial urban and rural incomes, consumption and living conditions. In accordance with national regulations of adjustment programs, NBS Survey Offices are responsible for organizing the work of provincial household survey, leading household survey of cities and counties with the provincial Bureau of Statistics. Specific implementation program of household surveys by cities and counties must be in accordance with the requirements of *Inform on National Bureau of Statistics strengthening and improving the household survey work of cities and counties* and national survey programs, which must be made by NBS Survey Offices and provincial Bureau of Statistics and approved by authority. Survey departments at all levels should organize and implement the surveies carefully to ensure the quality of survey data according to provisions of the program.

IV. Overview of Integrated Survey of Urban and Rural Households

To meet strategic needs of government planning urban and rural development as a whole, improving income distribution, making all the residents share the fruits of development, the NBS makes a integrated reform about urban and rural household survey, and has unified classification criteria, index name and caliber of income and expenditure surveys of urban and rural residents, and extracting 20300 urban and rural households in the province in accordance with uniform sampling methods and procedures, and has began formally launched the integrated survey on income and expenditure and living conditions of urban and rural household in the fourth quarter of 2012. During 20300 urban and rural households extracted, 5000 households are provincial samples of household survey, survey results represent the average income level of urban and rural residents in the province.

By the end of 2013, in terms of new regulations, the NBS Survey Office in Yunnan had collected accounting data of households of 12 months, and calculated a preliminary summary of comparable disposable income of urban and rural residents in the province during 2013 according to the national unified computing requirements at the end of January 2014, and per capita disposable income of all residents in the province finally are concluded out after the national assessment.

Enabling comparable disposable income of urban and rural residents, on one hand, can reflect the whole picture of the income distribution more accurately, provide comprehensive and reliable information for country making policy about balancing the development of urban and rural area and adjust income distribution; on the other hand, can also monitor the urban-rural income growth and the change of urban-rural income gap using a unified standard, reflect the situation about different groups of residents share fruits of economic development more accurately; at the same time, also fill the blank lacking income data of whole households.

V. Changes

After reform of integration of urban and rural household survey, there are four main differences about income of urban and rural residents between “new caliber” and “old caliber” as followed: the first one is difference about indicator name, income of rural residents according to new caliber is named per capita disposable income of rural residents, which is named per capita net income of urban residents according to old caliber, the indicator name of urban residents is unchanged; the second one is difference about sampling methods, the new sampling survey according to new caliber is a unified survey between urban and rural, while the sampling survey with old-caliber is made separatly and the specific sampling process is also quite different; the third one is difference about scope of survey, all permanent residents are included and foreign residents are excluded in the survey with new caliber, while overlap and omissions are exist in the survey with old caliber; the forth one is difference about indicator caliber, the main difference is urban and rural residents' disposable income in new standard includes in-kind income and converted net rent of owner-occupied housing, while in-kind income parts are not included in urban residents' disposable income in old standard and converted net rent of owner-occupied housing parts not included in rural residents' net income, in addition, there are also some changes about caliber of income sub-indictors.

1-1 居民收支与生活状况调查户基本情况(2016年)

BASIC DATA ON INCOME AND EXPENDITURES AND LIVES OF HOUSEHOLDS (2016)

单位：% (%)

项　目	Item	绝对数 Absolute Figures
调查样本户主文化程度		**100.00**
未上过学	No Schooling	4.58
小学	Primary Schools	34.52
初中	Junior Secondary Schools	38.83
高中	Senior Secondary Schools	11.04
大学专科	College Students	6.36
大学本科	Undergraduates	4.48
研究生	Postgraduates	0.19
按城乡分的住户类型	**Household Type by Urban and Rural**	**100.00**
主城区	Main Urban Area	22.66
城乡结合区	Rural-urban Fringe Area	1.38
镇中心区	Main Town Area	14.63
镇乡结合区	Rural-town Fringe Area	3.55
特殊区域	Special Area	1.46
乡中心区	Main Rural Area	6.86
村庄	Village	49.47

1-2 2015-2016年居民人均总收入
PER CAPITA TOTAL INCOME OF HOUSEHOLDS (2015-2016)

单位：元 (yuan)

指　　标	Indicator	2015	2016
总收入(未扣除生产费用)	**Total Income (No Deduction Production Expenses)**	**18398**	**20726**
工资性收入	**Wages Income**	**7068**	**7660**
工资	Wages	6099	6839
从单位得到的实物收入和服务	In-kind Income and Services from Units	11	8
其他工资性收入	Other Wages Income	958	813
经营性收入	**Business Income**	**6622**	**7648**
第一产业经营收入	Business Income from Primary Industry	4469	5205
1.农业	1.Agriculture	2974	3430
2.林业	2.Forestry	160	146
3.牧业	3.Animal Husbandry	1319	1599
4.渔业	4.Fishery	16	29
第二产业经营收入	Business Income from Secondary Industry	174	246
第三产业经营收入	Business Income from Tertiary Industry	1978	2197
财产性收入	**Property Income**	**1686**	**1736**
转移性收入	**Transferred Income**	**3022**	**3682**
养老金或离退休金	Annuities and Pensions	2000	2511
社会救济和补助	Social Relief and Assistance	132	205
政策性生活补贴	Policy-living Subsidy	65	63
家庭外出从业人员寄回带回收入	Return Income from Family Members Working Outside	343	405
赡养收入	Alimony Income	132	126
报销医疗费	Reimbursement of Medical Expenses	173	189
从政府和组织得到的实物产品和服务折价	In-kind Goods and Services Discount from Governments and Organizations	18	17
现金政策性惠农补贴	Cash from Policy Agricultural Subsidy	82	90
其他转移性收入	Other Transfer Income	77	75
非收入所得	**Non-Earning Income**	**956**	**1197**
出售资产所得	Income from sales of assets	275	357
非经常性转移所得	Non-recurring Transfers Income	673	826
其他非收入所得	Other Non-Earning Income	7	14
借贷性所得	**Lending and Loaning Income**	**1883**	**1809**
提取储蓄存款	Extracted Saving Deposits	906	901
借入款	Borrowed Funds	535	482
收回借出款	Recalled Lending Funds	80	52
收回储蓄性保险本金	Recalled Savings of Insurance Principal	0	1
住房贷款	Housing Loan	121	84
汽车贷款	Automobile Loan	47	26
教育贷款	Education Loan	6	11
其他贷款	Other Loans	167	209
其他借贷所得	Other Lending and Loaning Income	21	43

1-3 2015-2016年城镇常住居民人均总收入
PER CAPITA TOTAL INCOME OF URBAN PERMANENT HOUSEHOLDS (2015-2016)

单位：元 (yuan)

指 标	Indicator	2015	2016
总收入(未扣除生产费用)	**Total Income (No Deduction Production Expenses)**	**29283**	**32509**
工资性收入	**Wages Income**	**14659**	**15544**
工资	Wages	13161	14155
从单位得到的实物收入和服务	In-kind Income and Services from Units	23	16
其他工资性收入	Other Wages Income	1474	1372
经营性收入	**Business Income**	**4866**	**5915**
第一产业经营收入	Business Income from Primary Industry	1372	1728
1.农业	1.Agriculture	1084	1280
2.林业	2.Forestry	18	15
3.牧业	3.Animal Husbandry	269	430
4.渔业	4.Fishery	1	3
第二产业经营收入	Business Income from Secondary Industry	261	480
第三产业经营收入	Business Income from Tertiary Industry	3233	3707
财产性收入	**Property Income**	**4109**	**4148**
转移性收入	**Transferred Income**	**5649**	**6903**
养老金或离退休金	Annuities and Pensions	4828	6025
社会救济和补助	Social Relief and Assistance	91	106
政策性生活补贴	Policy-living Subsidy	28	43
家庭外出从业人员寄回带回收入	Return Income from Family Members Working Outside	123	134
赡养收入	Alimony Income	207	177
报销医疗费	Reimbursement of Medical Expenses	203	252
从政府和组织得到的实物产品和服务折价	In-kind Goods and Services Discount from Governments and Organizations	26	19
现金政策性惠农补贴	Cash from Policy Agricultural Subsidy	18	21
其他转移性收入	Other Transferred Income	126	125
非收入所得	**Non-Earning Income**	**1012**	**1585**
出售资产所得	Income from sales of assets	144	651
非经常性转移所得	Non-recurring Transferreds Income	857	929
其他非收入所得	Other Non-Earning Income	11	5
借贷性所得	**Lending and Loaning Income**	**1922**	**1630**
提取储蓄存款	Extracted Saving Deposits	1244	1124
借入款	Borrowed Funds	202	263
收回借出款	Recalled Lending Funds	59	31
收回储蓄性保险本金	Recalled Savings of Insurance Principal		0
住房贷款	Housing Loan	247	70
汽车贷款	Automobile Loan	102	35
教育贷款	Education Loan	1	2
其他贷款	Other Loans	51	70
其他借贷所得	Other Lending and Loaning Income	16	34

1-4 2015-2016年农村常住居民人均总收入
PER CAPITA TOTAL INCOME OF RURAL PERMANENT HOUSEHOLDS (2015-2016)

单位：元 (yuan)

指 标	Indicator	2015	2016
总收入（未扣除生产费用）	**Total Income (No Deduction Production Expenses)**	**11583**	**13095**
工资性收入	**Wages Income**	**2315**	**2554**
工资	Wages	1677	2101
从单位得到的实物收入和服务	In-kind Income and Services from Units	3	3
其他工资性收入	Other Wages Income	635	451
经营性收入	**Business Income**	**7721**	**8770**
第一产业经营收入	Business Income from Primary Industry	6408	7456
1.农业	1.Agriculture	4157	4823
2.林业	2.Forestry	249	231
3.牧业	3.Animal Husbandry	1976	2356
4.渔业	4.Fishery	26	46
第二产业经营收入	Business Income from Secondary Industry	120	95
第三产业经营收入	Business Income from Tertiary Industry	1193	1219
财产性收入	**Property Income**	**169**	**174**
转移性收入	**Transferred Income**	**1378**	**1596**
养老金或离退休金	Annuities and Pensions	230	236
社会救济和补助	Social Relief and Assistance	158	270
政策性生活补贴	Policy-living Subsidy	88	76
家庭外出从业人员寄回带回收入	Return Income from Family Members Working Outside	481	580
赡养收入	Alimony Income	85	92
报销医疗费	Reimbursement of Medical Expenses	154	148
从政府和组织得到的实物产品和服务折价	In-kind Goods and Services Discount from Governments and Organizations	12	16
现金政策性惠农补贴	Cash from Policy Agricultural Subsidy	123	135
其他转移性收入	Other Transferred Income	47	43
非收入所得	**Non-Earning Income**	**921**	**945**
出售资产所得	Income from Sales of Assets	357	166
非经常性转移所得	Non-recurring Transferreds Income	559	759
其他非收入所得	Other Non-Earning Income	5	19
借贷性所得	**Lending and Loaning Income**	**1859**	**1924**
提取储蓄存款	Extracted Saving Deposits	695	756
借入款	Borrowed Funds	744	624
收回借出款	Recalled Lending Funds	93	66
收回储蓄性保险本金	Recalled Savings of Insurance Principal	0	2
住房贷款	Housing Loan	42	92
汽车贷款	Automobile Loan	13	20
教育贷款	Education Loan	8	17
其他贷款	Other Loans	240	299
其他借贷所得	Other Lending and Loaning Income	24	49

1-5 2015-2016年居民人均可支配收入
PER CAPITA DISPOSABLE INCOME OF HOUSEHOLDS (2015-2016)

单位：元 (yuan)

指 标	Indicator	2015	2016
可支配收入	**Disposable Income**	**15223**	**16720**
工资性收入	**Wages Income**	**7068**	**7660**
工资	Wages	6099	6839
实物福利	In-kind Welfare	11	8
其他	Other Wages Income	958	813
经营净收入	**Net Business Income**	**4051**	**4433**
第一产业经营净收入	Net Business Income from Primary Industry	2729	3100
1.农业	1.Agriculture	2038	2309
2.林业	2.Forestry	131	128
3.牧业	3.Animal Husbandry	556	659
4.渔业	4.Fishery	4	3
第二产业经营净收入	Net Business Income from Secondary Industry	101	126
第三产业经营净收入	Net Business Income from Tertiary Industry	1221	1207
财产净收入	**Net Property Income**	**1645**	**1673**
转移净收入	**Net Transferred Income**	**2459**	**2954**
转移性收入	Transferred Income	3022	3682
其中:养老金或离退休金	where:Annuities and Pensions	2000	2511
转移性支出	Transferred Expenditure	564	728
其中:社会保障支出	where:Social Security Expenditure	462	579

1-6 2015-2016年城镇常住居民人均可支配收入
PER CAPITA DISPOSABLE INCOME OF URBAN PERMANENT HOUSEHOLDS (2015-2016)

单位：元 (yuan)

指 标	Indicator	2015	2016
可支配收入	**Disposable Income**	**26373**	**28611**
工资性收入	**Wages Income**	**14659**	**15544**
工资	Wages	13161	14155
实物福利	In-kind Welfare	23	16
其他	Other Wages Income	1474	1372
经营净收入	**Net Business Income**	**3174**	**3490**
第一产业经营净收入	Net Business Income from Primary Industry	861	945
1.农业	1.Agriculture	724	790
2.林业	2.Forestry	13	12
3.牧业	3.Animal Husbandry	124	143
4.渔业	4.Fishery	0	0
第二产业经营净收入	Net Business Income from Secondary Industry	189	257
第三产业经营净收入	Net Business Income from Tertiary Industry	2124	2288
财产净收入	**Net Property Income**	**4036**	**4021**
转移净收入	**Net Transferred Income**	**4504**	**5555**
转移性收入	Transferred Income	5649	6903
其中:养老金或离退休金	where:Annuities and Pensions	4828	6025
转移性支出	Transferred Expenditure	1145	1348
其中:社会保障支出	where:Social Security Expenditure	914	1094

1-7 2015-2016年农村常住居民人均可支配收入
PER CAPITA DISPOSABLE INCOME OF RURAL PERMANENT HOUSEHOLDS (2015-2016)

单位：元 (yuan)

指 标	Indicator	2015	2016
可支配收入	**Disposable Income**	**8242**	**9020**
工资性收入	**Wages Income**	**2315**	**2554**
工资	Wages	1677	2101
实物福利	In-kind Welfare	3	3
其他	Other Wages Income	635	451
经营净收入	**Net Business Income**	**4601**	**5044**
第一产业经营净收入	Net Business Income from Primary Industry	3898	4495
1.农业	1.Agriculture	2860	3293
2.林业	2.Forestry	205	204
3.牧业	3.Animal Husbandry	827	993
4.渔业	4.Fishery	7	5
第二产业经营净收入	Net Business Income from Secondary Industry	46	41
第三产业经营净收入	Net Business Income from Tertiary Industry	656	508
财产净收入	**Net Property Income**	**148**	**152**
转移净收入	**Net Transferred Income**	**1178**	**1270**
转移性收入	Transferred Income	1378	1596
其中:养老金或离退休金	where:Annuities and Pensions	230	236
转移性支出	Transferred Expenditure	200	326
其中:社会保障支出	where:Social Security Expenditure	179	245

1-8 2015-2016年居民人均现金可支配收入
PER CAPITA CASH DISPOSABLE INCOME OF HOUSEHOLDS (2015-2016)

单位：元 (yuan)

指 标	Indicator	2015	2016
现金可支配收入	**Cash Disposable Income**	**14021**	**15421**
现金工资性收入	**Cash Wages Income**	**7057**	**7652**
工资	Wages	6099	6839
其他工资性收入	Other Wages Income	958	813
现金经营净收入	**Cash Net Business Income**	**3610**	**3937**
第一产业现金经营净收入	Cash Net Business Income from Primary Industry	2144	2465
1.农业	1.Agriculture	1432	1704
2.林业	2.Forestry	118	102
3.牧业	3.Animal Husbandry	590	654
4.渔业	4.Fishery	4	6
第二产业现金经营净收入	Cash Net Business Income from Secondary Industry	110	136
第三产业现金经营净收入	Cash Net Business Income from Tertiary Industry	1356	1336
现金财产净收入	**Cash Net Property Income**	**1087**	**1084**
现金转移净收入	**Cash Net Transferred Income**	**2268**	**2748**
现金转移性收入	Cash Transferred Income	2832	3476
其中:养老金或离退休金	where:Annuities and Pensions	2000	2511
现金转移性支出	Cash Transferred Expenditure	564	728
其中:社会保障支出	where:Social Security Expenditure	10	21

1-9 2015-2016年城镇常住居民人均现金可支配收入
PER CAPITA CASH DISPOSABLE INCOME OF URBAN PERMANENT HOUSEHOLDS (2015-2016)

单位：元 (yuan)

指　标	Indicator	2015	2016
现金可支配收入	**Cash Disposable Income**	**24826**	**26963**
现金工资性收入	**Cash Wages Income**	**14636**	**15527**
工资	Wages	13161	14155
其他工资性收入	Other Wages Income	1474	1372
现金经营净收入	**Cash Net Business Income**	**3330**	**3629**
第一产业现金经营净收入	Cash Net Business Income from Primary Industry	812	889
1.农业	1.Agriculture	682	734
2.林业	2.Forestry	11	10
3.牧业	3.Animal Husbandry	119	146
4.渔业	4.Fishery	0	0
第二产业现金经营净收入	Cash Net Business Income from Secondary Industry	205	278
第三产业现金经营净收入	Cash Net Business Income from Tertiary Industry	2312	2463
现金财产净收入	**Cash Net Property Income**	**2586**	**2523**
现金转移净收入	**Cash Net Transferred Income**	**4275**	**5283**
现金转移性收入	Cash Transferred Income	5419	6631
其中:养老金或离退休金	where:Annuities and Pensions	4828	6025
现金转移性支出	Cash Transferred Expenditure	1145	1348
其中:社会保障支出	where:Social Security Expenditure	22	46

1-10 2015-2016年农村常住居民人均现金可支配收入
PER CAPITA CASH DISPOSABLE INCOME OF RURAL PERMANENT HOUSEHOLDS (2015-2016)

单位：元 (yuan)

指　标	Indicator	2015	2016
现金可支配收入	**Cash Disposable Income**	**7257**	**7946**
现金工资性收入	**Cash Wages Income**	**2312**	**2551**
工资	Wages	1677	2101
其他工资性收入	Other Wages Income	635	451
现金经营净收入	**Cash Net Business Income**	**3785**	**4137**
第一产业现金经营净收入	Cash Net Business Income from Primary Industry	2978	3486
1.农业	1.Agriculture	1902	2332
2.林业	2.Forestry	185	162
3.牧业	3.Animal Husbandry	885	983
4.渔业	4.Fishery	6	10
第二产业现金经营净收入	Cash Net Business Income from Secondary Industry	51	44
第三产业现金经营净收入	Cash Net Business Income from Tertiary Industry	757	606
现金财产净收入	**Cash Net Property Income**	**148**	**152**
现金转移净收入	**Cash Net Transferred Income**	**1012**	**1106**
现金转移性收入	Cash Transferred Income	1212	1432
其中:养老金或离退休金	where:Annuities and Pensions	230	236
现金转移性支出	Cash Transferred Expenditure	200	326
其中:社会保障支出	where:Social Security Expenditure	2	5

1-11 2015-2016年居民人均总支出
PER CAPITA TOTAL EXPENDITURE OF HOUSEHOLDS (2015-2016)

单位：元 (yuan)

指　标	Indicator	2015	2016
总支出	**Total Expenditure**	**17447**	**19490**
消费支出	**Consumption Expenditure**	**11005**	**11769**
食品烟酒	Foods, Alcohol and Tobacco	3588	3742
食品	Foods	2602	2748
谷物	grain	430	432
薯类	Tubers	54	69
豆类	Beans	37	37
食用油	Edible Oil	107	115
蔬菜和食用菌	Vegetables and Edible Fungi	430	428
肉类	Meat	719	797
禽类	Poultry	185	198
水产品	Aquatic Products	75	81
蛋类	Eggs	60	58
奶类	Milk	80	90
干鲜瓜果类	Dried and Fresh Melons and Fruits	217	220
糖果糕点类	Confectionery	103	108
饮料	Beverages	79	74
其他食品	Other Foods	103	115
烟酒	Alcohol and Tobacco	420	405
饮食服务	Food Services	488	515
衣着	Clothing	467	491
居住	Housing	2146	2347
生活用品及服务	Supplies and Services	644	682
交通通信	Transport and Communications	1633	1724
教育文化娱乐	Cultural, Educational and Recreation	1282	1430
医疗保健	Healthcare and Medical Services	876	976
其他用品和服务	Other Goods and Services	211	214
生产经营费用支出	**Operation Expenditure**	**2242**	**2865**
第一产业经营费用支出	Operation Expenditure from Primary Industry	1555	1893
第二产业经营费用支出	Operation Expenditure from Secondary Industry	64	110
第三产业经营费用支出	Operation Expenditure from Tertiary Industry	623	861
财产性支出	**Property Expenditure**	**41**	**63**
生活贷款利息支出	Interest Expenditure from Living Loan	37	61
其他财产性支出	Other Property Expenditure	4	2
转移性支出	**Transferred Expenditure**	**564**	**728**
个人所得税	Individual Income Tax	16	20
社会保障支出	Social Security Expenditure	462	579
外来从业人员寄给家人的支出	Sending Expenditure of Foreign Employees	2	0
赡养支出	Alimony Expenditure	36	38
其他转移性支出	Other Transferred Expenditure	47	91
部分商业保险支出	**Part Expenditure of Commercial Insurance**	**32**	**54**
购置资产及非经常性转移支出	**Purchasing assets and Non-recurring Transferred Expenditure**	**2248**	**2679**
借贷性支出	**Lending and Loaning Expenditure**	**1314**	**1333**

1-12 2015-2016年城镇常住居民人均总支出
PER CAPITA TOTAL EXPENDITURE OF URBAN PERMANENT HOUSEHOLDS (2015-2016)

单位：元 (yuan)

指 标	Indicator	2015	2016
总支出	**Total Expenditure**	**25238**	**28022**
消费支出	**Consumption Expenditure**	**17675**	**18622**
食品烟酒	Foods, Alcohol and Tobacco	5346	5528
食品	Foods	3653	3826
谷物	Grain	447	448
薯类	Tubers	45	51
豆类	Beans	50	52
食用油	Edible Oil	148	152
蔬菜和食用菌	Vegetables and Edible Fungi	679	678
肉类	Meat	950	1047
禽类	Poultry	240	253
水产品	Aquatic Products	135	143
蛋类	Eggs	81	75
奶类	Milk	159	178
干鲜瓜果类	Dried and Fresh Melons and Fruits	393	395
糖果糕点类	Confectionery	180	188
饮料	Beverages	116	109
其他食品	Other Foods	146	166
烟酒	Alcohol and Tobacco	487	469
饮食服务	Food Services	1091	1124
衣着	Clothing	1138	1195
居住	Housing	3612	3814
生活用品及服务	Supplies and Services	1061	1135
交通通信	Transport and Communications	2664	2791
教育文化娱乐	Cultural, Educational and Recreation	2079	2217
医疗保健	Healthcare and Medical Services	1352	1527
其他用品和服务	Other Goods and Services	422	414
生产经营费用支出	**Operation Expenditure**	**1445**	**2164**
第一产业经营费用支出	Operation Expenditure from Primary Industry	469	717
第二产业经营费用支出	Operation Expenditure from Secondary Industry	56	202
第三产业经营费用支出	Operation Expenditure from Tertiary Industry	921	1244
财产性支出	**Property Expenditure**	**73**	**126**
生活贷款利息支出	Interest Expenditure from Living Loan	64	123
其他财产性支出	Other Property Expenditure	8	3
转移性支出	**Transferred Expenditure**	**1145**	**1348**
个人所得税	Individual Income Tax	42	51
社会保障支出	Social Security Expenditure	914	1094
外来从业人员寄给家人的支出	Sending Expenditure of Foreign Employees	4	0
赡养支出	Alimony Expenditure	86	90
其他转移性支出	Other Transferred Expenditure	99	113
部分商业保险支出	**Part Expenditure of Commercial Insurance**	**66**	**113**
购置资产及非经常性转移支出	**Purchasing assets and Non-recurring Transferred Expenditure**	**2494**	**3212**
借贷性支出	**Lending and Loaning Expenditure**	**2339**	**2437**

1-13 2015-2016年农村常住居民人均总支出
PER CAPITA TOTAL EXPENDITURE OF RURAL PERMANENT HOUSEHOLDS (2015-2016)

单位：元 (yuan)

指标	Indicator	2015	2016
总支出	**Total Expenditure**	**12569**	**13965**
消费支出	**Consumption Expenditure**	**6830**	**7331**
食品烟酒	Foods, Alcohol and Tobacco	2487	2586
食品	Foods	1944	2050
谷物	Grain	420	422
薯类	Tubers	60	81
豆类	Beans	28	28
食用油	Edible Oil	82	92
蔬菜和食用菌	Vegetables and Edible Fungi	274	266
肉类	Meat	574	636
禽类	Poultry	151	162
水产品	Aquatic Products	38	40
蛋类	Eggs	48	46
奶类	Milk	31	33
干鲜瓜果类	Dried and Fresh Melons and Fruits	107	106
糖果糕点类	Confectionery	54	57
饮料	Beverages	56	51
其他食品	Other Foods	76	81
烟酒	Alcohol and Tobacco	378	364
饮食服务	Food Services	110	121
衣着	Clothing	305	303
居住	Housing	1229	1396
生活用品及服务	Supplies and Services	383	389
交通通信	Transport and Communications	987	1032
教育文化娱乐	Cultural, Educational and Recreation	782	920
医疗保健	Healthcare and Medical Services	578	620
其他用品和服务	Other Goods and Services	80	85
生产经营费用支出	**Operation Expenditure**	**2741**	**3318**
第一产业经营费用支出	Operation Expenditure from Primary Industry	2235	2655
第二产业经营费用支出	Operation Expenditure from Secondary Industry	69	50
第三产业经营费用支出	Operation Expenditure from Tertiary Industry	436	613
财产性支出	**Property Expenditure**	**21**	**22**
生活贷款利息支出	Interest Expenditure from Living Loan	20	20
其他财产性支出	Other Property Expenditure	1	2
转移性支出	**Transferred Expenditure**	**200**	**326**
个人所得税	Individual Income Tax	0	0
社会保障支出	Social Security Expenditure	179	245
外来从业人员寄给家人的支出	Sending Expenditure of Foreign Employees	1	0
赡养支出	Alimony Expenditure	5	4
其他转移性支出	Other Transferred Expenditure	15	76
部分商业保险支出	**Part Expenditure of Commercial Insurance**	**11**	**15**
购置资产及非经常性转移支出	**Purchasing assets and Non-recurring Transferred Expenditure**	**2094**	**2333**
借贷性支出	**Lending and Loaning Expenditure**	**673**	**619**

1-14 2015-2016年居民人均生活消费支出
PER CAPITA CONSUMPTION EXPENDITURE OF HOUSEHOLDS (2015-2016)

单位：元 (yuan)

指　　标	Indicator	2015	2016
生活消费支出(不含自产自用)	**Consumption Expenditure**	**10469**	**11216**
食品烟酒	Foods, Alcohol and Tobacco	3067	3217
食品	Foods	2081	2223
谷物	Grain	334	347
薯类	Tubers	26	29
豆类	Beans	32	34
食用油	Edible Oil	92	99
蔬菜和食用菌	Vegetables and Edible Fungi	326	333
肉类	Meat	542	611
禽类	Poultry	113	121
水产品	Aquatic Products	74	80
蛋类	Eggs	42	39
奶类	Milk	80	90
干鲜瓜果类	Dried and Fresh Melons and Fruits	216	218
糖果糕点类	Confectionery	103	108
饮料	Beverages	78	73
其他食品	Other Foods	102	113
烟酒	Alcohol and Tobacco	420	405
饮食服务	Food Services	488	515
衣着	Clothing	626	654
居住	Housing	2131	2320
生活用品及服务	Supplies and Services	644	681
交通通信	Transport and Communications	1633	1724
教育文化娱乐	Cultural, Educational and Recreation	1282	1430
医疗保健	Healthcare and Medical Services	876	976
其他用品和服务	Other Goods and Services	211	214

1-15 2015-2016年城镇常住居民人均生活消费支出
PER CAPITA CONSUMPTION EXPENDITURE OF URBAN PERMANENT HOUSEHOLDS (2015-2016)

单位：元 (yuan)

指 标	Indicator	2015	2016
生活消费支出(不含自产自用)	**Consumption Expenditure**	**17578**	**18512**
食品烟酒	Foods, Alcohol and Tobacco	5252	5421
食品	Foods	3558	3719
谷物	Grain	426	427
薯类	Tubers	43	48
豆类	Beans	50	52
食用油	Edible Oil	146	150
蔬菜和食用菌	Vegetables and Edible Fungi	657	656
肉类	Meat	926	1016
禽类	Poultry	222	231
水产品	Aquatic Products	134	143
蛋类	Eggs	77	71
奶类	Milk	159	178
干鲜瓜果类	Dried and Fresh Melons and Fruits	393	395
糖果糕点类	Confectionery	180	188
饮料	Beverages	115	109
其他食品	Other Foods	146	166
烟酒	Alcohol and Tobacco	487	469
饮食服务	Food Services	1091	1124
衣着	Clothing	1138	1195
居住	Housing	3610	3811
生活用品及服务	Supplies and Services	1061	1135
交通通信	Transport and Communications	2664	2791
教育文化娱乐	Cultural, Educational and Recreation	2079	2217
医疗保健	Healthcare and Medical Services	1352	1527
其他用品和服务	Other Goods and Services	422	414

1-16 2015-2016年农村常住居民人均生活消费支出
PER CAPITA CONSUMPTION EXPENDITURE OF RURAL PERMANENT HOUSEHOLDS (2015-2016)

单位：元 (yuan)

指　　标	Indicator	2015	2016
生活消费支出(不含自产自用)	**Consumption Expenditure**	**6018**	**6491**
食品烟酒	Foods, Alcohol and Tobacco	1699	1789
食品	Foods	1157	1254
谷物	Grain	277	295
薯类	Tubers	15	17
豆类	Beans	20	23
食用油	Edible Oil	58	67
蔬菜和食用菌	Vegetables and Edible Fungi	119	125
肉类	Meat	302	349
禽类	Poultry	45	50
水产品	Aquatic Products	36	38
蛋类	Eggs	21	18
奶类	Milk	31	33
干鲜瓜果类	Dried and Fresh Melons and Fruits	104	104
糖果糕点类	Confectionery	54	57
饮料	Beverages	54	50
其他食品	Other Foods	74	79
烟酒	Alcohol and Tobacco	378	364
饮食服务	Food Services	110	121
衣着	Clothing	305	303
居住	Housing	1206	1355
生活用品及服务	Supplies and Services	383	387
交通通信	Transport and Communications	987	1032
教育文化娱乐	Cultural, Educational and Recreation	782	920
医疗保健	Healthcare and Medical Services	577	620
其他用品和服务	Other Goods and Services	80	85

1-17 2015-2016年居民人均现金消费支出
PER CAPITA CASH CONSUMPTION EXPENDITURE OF HOUSEHOLDS (2015-2016)

单位：元 (yuan)

指　　标	Indicator	2015	2016
现金消费支出	**Cash Consumption Expenditure**	**8860**	**9456**
食品烟酒	Foods, Alcohol and Tobacco	3054	3205
食品	Foods	2073	2215
谷物	Grain	332	344
薯类	Tubers	26	29
豆类	Beans	32	34
食用油	Edible Oil	91	98
蔬菜和食用菌	Vegetables and Edible Fungi	326	333
肉类	Meat	541	611
禽类	Poultry	113	121
水产品	Aquatic Products	74	80
蛋类	Eggs	42	39
奶类	Milk	80	90
干鲜瓜果类	Dried and Fresh Melons and Fruits	215	218
糖果糕点类	Confectionery	102	108
饮料	Beverages	78	73
其他食品	Other Foods	100	110
烟酒	Alcohol and Tobacco	420	405
饮食服务	Food Services	483	511
衣着	Clothing	626	653
居住	Housing	723	769
生活用品及服务	Supplies and Services	637	676
交通通信	Transport and Communications	1631	1723
教育文化娱乐	Cultural, Educational and Recreation	1282	1429
医疗保健	Healthcare and Medical Services	699	791
其他用品和服务	Other Goods and Services	209	210

1-18 2015-2016年城镇常住居民人均现金消费支出
PER CAPITA CASH CONSUMPTION EXPENDITURE OF URBAN PERMANENT HOUSEHOLDS (2015-2016)

单位：元 (yuan)

指 标	Indicator	2015	2016
现金消费支出	**Cash Consumption Expenditure**	**14849**	**15627**
食品烟酒	Foods, Alcohol and Tobacco	5232	5402
食品	Foods	3546	3710
谷物	Grain	420	424
薯类	Tubers	43	48
豆类	Beans	50	52
食用油	Edible Oil	144	147
蔬菜和食用菌	Vegetables and Edible Fungi	657	656
肉类	Meat	924	1015
禽类	Poultry	222	231
水产品	Aquatic Products	134	143
蛋类	Eggs	77	71
奶类	Milk	159	178
干鲜瓜果类	Dried and Fresh Melons and Fruits	393	394
糖果糕点类	Confectionery	179	187
饮料	Beverages	115	109
其他食品	Other Foods	144	163
烟酒	Alcohol and Tobacco	487	469
饮食服务	Food Services	1083	1114
衣着	Clothing	1138	1195
居住	Housing	1134	1211
生活用品及服务	Supplies and Services	1051	1129
交通通信	Transport and Communications	2661	2791
教育文化娱乐	Cultural, Educational and Recreation	2079	2217
医疗保健	Healthcare and Medical Services	1138	1272
其他用品和服务	Other Goods and Services	417	411

1-19 2015-2016年农村常住居民人均现金消费支出
PER CAPITA CASH CONSUMPTION EXPENDITURE OF RURAL PERMANENT HOUSEHOLDS (2015-2016)

单位：元 (yuan)

指　　标	Indicator	2015	2016
现金消费支出	**Cash Consumption Expenditure**	**5111**	**5461**
食品烟酒	Foods, Alcohol and Tobacco	1691	1782
食品	Foods	1151	1247
谷物	Grain	276	293
薯类	Tubers	15	17
豆类	Beans	20	23
食用油	Edible Oil	57	66
蔬菜和食用菌	Vegetables and Edible Fungi	119	125
肉类	Meat	302	348
禽类	Poultry	45	50
水产品	Aquatic Products	36	38
蛋类	Eggs	21	18
奶类	Milk	31	33
干鲜瓜果类	Dried and Fresh Melons and Fruits	104	104
糖果糕点类	Confectionery	54	57
饮料	Beverages	54	50
其他食品	Other Foods	72	76
烟酒	Alcohol and Tobacco	378	364
饮食服务	Food Services	108	120
衣着	Clothing	305	302
居住	Housing	466	482
生活用品及服务	Supplies and Services	378	383
交通通信	Transport and Communications	987	1032
教育文化娱乐	Cultural, Educational and Recreation	782	920
医疗保健	Healthcare and Medical Services	424	479
其他用品和服务	Other Goods and Services	78	81

1-20 2015-2016年居民人均生产经营现金费用支出
PER CAPITA OPERATION CASH EXPENDITURE OF HOUSEHOLDS (2015-2016)

单位：元 (yuan)

指 标	Indicator	2015	2016
生产经营现金费用支出	**Operation Cash Expenditure**	**1962**	**2572**
第一产业经营现金费用支出	Operation Cash Expenditure from Primary Industry	1275	1601
农业	Agriculture	790	938
林业	Forestry	26	15
牧业	Animal Husbandry	449	626
渔业	Fishery	11	22
农林牧渔服务业	Agriculture, Forestry, Animal Husbandry and Fishery Services	12	14
第二产业经营现金费用支出	Operation Cash Expenditure from Secondary Industry	64	110
采矿业	Mining	•	2
制造业	Manufacturing	49	81
电力、热力、燃气及水生产和供应业	Production and Supply of Electricity, Heat, Gas and Water	•	
建筑业	Construction	14	27
第三产业经营现金费用支出	Operation Cash Expenditure from Tertiary Industry	623	861
批发和零售业	Wholesale and Retail Trades	246	477
交通运输、仓储和邮政业	Transport, Storage and Post	131	126
住宿和餐饮业	Hotels and Catering Services	186	204
房地产业	Real Estate	1	•
租赁和商务服务业	Leasing and Business Services	4	18
居民服务、修理和其他服务业	Service to Households, Repair and Other Services	38	17
其他	Others	5	5

1-21 2015-2016年城镇常住居民人均生产经营现金费用支出
PER CAPITA OPERATION CASH EXPENDITURE OF URBAN PERMANENT HOUSEHOLDS (2015-2016)

单位：元 (yuan)

指 标	Indicator	2015	2016
生产经营现金费用支出	**Operation Cash Expenditure**	**1409**	**2121**
第一产业经营现金费用支出	Operation Cash Expenditure from Primary Industry	433	674
农业	Agriculture	325	445
林业	Forestry	5	3
牧业	Animal Husbandry	102	224
渔业	Fishery	1	3
农林牧渔服务业	Agriculture, Forestry, Animal Husbandry and Fishery Services	3	4
第二产业经营现金费用支出	Operation Cash Expenditure from Secondary Industry	56	202
采矿业	Mining	•	1
制造业	Manufacturing	49	161
电力、热力、燃气及水生产和供应业	Production and Supply of Electricity, Heat, Gas and Water	•	
建筑业	Construction	6	41
第三产业经营现金费用支出	Operation Cash Expenditure from Tertiary Industry	921	1244
批发和零售业	Wholesale and Retail Trades	341	613
交通运输、仓储和邮政业	Transport, Storage and Post	82	110
住宿和餐饮业	Hotels and Catering Services	425	477
房地产业	Real Estate	2	
租赁和商务服务业	Leasing and Business Services	9	5
居民服务、修理和其他服务业	Service to Households, Repair and Other Services	48	28
其他	Others	9	8

1-22 2015-2016年农村常住居民人均生产经营现金费用支出

PER CAPITA OPERATION CASH EXPENDITURE OF RURAL PERMANENT HOUSEHOLDS (2015-2016)

单位：元 (yuan)

指 标	Indicator	2015	2016
生产经营现金费用支出	**Operation Cash Expenditure**	**2308**	**2864**
第一产业经营现金费用支出	Operation Cash Expenditure from Primary Industry	1803	2200
农业	Agriculture	1080	1257
林业	Forestry	39	23
牧业	Animal Husbandry	666	886
渔业	Fishery	17	35
农林牧渔服务业	Agriculture, Forestry, Animal Husbandry and Fishery Services	17	21
第二产业经营现金费用支出	Operation Cash Expenditure from Secondary Industry	69	50
采矿业	Mining	•	3
制造业	Manufacturing	49	30
电力、热力、燃气及水生产和供应业	Production and Supply of Electricity, Heat, Gas and Water	•	
建筑业	Construction	19	18
第三产业经营现金费用支出	Operation Cash Expenditure from Tertiary Industry	436	613
批发和零售业	Wholesale and Retail Trades	187	389
交通运输、仓储和邮政业	Transport, Storage and Post	162	136
住宿和餐饮业	Hotels and Catering Services	36	28
房地产业	Real Estate	•	•
租赁和商务服务业	Leasing and Business Services	1	26
居民服务、修理和其他服务业	Service to Households, Repair and Other Services	31	10
其他	Others	3	4

1-23 2015-2016年居民人均购买生活消费品及服务支出
PER CAPITA EXPENDITURE ON CONSUMER GOODS AND SERVICES OF HOUSEHOLDS (2015-2016)

单位：元 (yuan)

指标	Indicator	2015	2016
购买生活消费品及服务	**Expenditure on Consumer Goods and Services**	**8962**	**9751**
食品烟酒	Foods, Alcohol and Tobacco	3047	3261
食品	Foods	2067	2254
谷物	Grain	325	353
薯类	Tubers	26	29
豆类	Beans	32	35
食用油	Edible Oil	91	100
蔬菜和食用菌	Vegetables and Edible Fungi	326	337
肉类	Meat	541	622
禽类	Poultry	113	123
水产品	Aquatic Products	74	81
蛋类	Eggs	42	39
奶类	Milk	80	91
干鲜瓜果类	Dried and Fresh Melons and Fruits	215	221
糖果糕点类	Confectionery	102	110
饮料	Beverages	78	75
烟酒	Alcohol and Tobacco	419	417
饮食服务	Food Services	483	515
衣着	Clothing	624	663
居住	Housing	722	784
生活用品及服务	Supplies and Services	637	688
交通通信	Transport and Communications	1571	1689
教育文化娱乐	Cultural, Educational and Recreation	1281	1459
医疗保健	Healthcare and Medical Services	870	995
其他用品和服务	Other Goods and Services	209	213

1-24 2015-2016年居民人均食品消费量
PER CAPITA CONSUMPTION OF MAJOR FOODS OF HOUSEHOLDS (2015-2016)

单位：千克 (kg)

指　　标	Indicator	2015	2016
粮食	Grain	134.49	135.09
谷物	Cereals	124.81	125.32
小麦	Wheat	9.09	9.37
稻谷	Rice	102.66	101.32
玉米	Corn	6.31	7.09
其他谷物	Other Cereals	6.75	7.55
薯类	Tubers	2.84	2.94
豆类	Beans	6.84	6.82
蔬菜及菜制品	Vegetables and Processed Products	98.54	98.56
鲜菜	Fresh Vegetables	96.29	96.31
干菜及菜制品	Dried Vegetables and Processed Products	1.24	1.18
鲜菌	Fresh Fungus	0.96	1.10
干菌及菌制品	Dry Fungus and Processed Products	0.11	0.08
肉禽及其制品	Meat, Poultry and Processed Products	36.92	38.01
猪肉	Pork	25.93	26.15
牛肉	Beef	1.60	1.77
羊肉	Mutton	0.44	0.50
家禽	Poultry	7.37	7.94
其他肉禽及制品	Other Meat, Poultry and Processed Products	2.16	2.31
蛋类及蛋制品	Eggs and Processed Products	5.03	4.82
奶和奶制品	Milk and Processed Products	5.46	5.29
水产品	Aquatic Products	3.71	3.93
油脂类	Oil and Fats	7.53	8.08
食糖	Sugar	1.25	1.34
干鲜瓜果类	Dried and Fresh Melons and Fruits	26.80	29.10
茶叶	Tea	0.48	0.41
烟叶	Tobacco	35.12	35.26
酒	Liquor	7.84	7.20

1-25 2015-2016年城镇常住居民人均食品消费量
PER CAPITA CONSUMPTION OF MAJOR FOODS OF URBAN PERMANENT HOUSEHOLDS (2015-2016)

单位：千克 (kg)

指　　标	Indicator	2015	2016
粮食	Grain	110.71	109.35
谷物	Cereals	99.79	98.14
小麦	Wheat	11.56	13.00
稻谷	Rice	73.43	68.44
玉米	Corn	3.32	3.71
其他谷物	Other Cereals	11.49	13.00
薯类	Tubers	2.50	2.67
豆类	Beans	8.42	8.54
蔬菜及菜制品	Vegetables and Processed Products	112.72	112.56
鲜菜	Fresh Vegetables	108.44	108.18
干菜及菜制品	Dried Vegetables and Processed Products	1.98	1.98
鲜菌	Fresh Fungus	2.07	2.25
干菌及菌制品	Dry Fungus and Processed Products	0.24	0.16
肉禽及其制品	Meat, Poultry and Processed Products	38.25	38.89
猪肉	Pork	23.18	23.20
牛肉	Beef	2.98	3.10
羊肉	Mutton	0.39	0.57
家禽	Poultry	8.21	8.50
其他肉禽及制品	Other Meat, Poultry and Processed Products	3.48	3.52
蛋类及蛋制品	Eggs and Processed Products	6.11	5.57
奶和奶制品	Milk and Processed Products	10.92	10.12
水产品	Aquatic Products	5.88	6.07
油脂类	Oil and Fats	10.07	9.68
食糖	Sugar	1.47	1.43
干鲜瓜果类	Dried and Fresh Melons and Fruits	42.77	44.77
茶叶	Tea	0.45	0.38
烟叶	Tobacco	32.52	32.31
酒	Liquor	4.85	4.25

1-26 2015-2016年农村常住居民人均食品消费量

PER CAPITA CONSUMPTION OF MAJOR FOODS OF RURAL PERMANENT HOUSEHOLDS (2015-2016)

单位：千克 (kg)

指　　标	Indicator	2015	2016
粮食	Grain	149.38	151.75
谷物	Cereals	140.47	142.92
小麦	Wheat	7.55	7.02
稻谷	Rice	120.96	122.61
玉米	Corn	8.19	9.28
其他谷物	Other Cereals	3.78	4.02
薯类	Tubers	3.06	3.12
豆类	Beans	5.85	5.71
蔬菜及菜制品	Vegetables and Processed Products	89.66	89.48
鲜菜	Fresh Vegetables	88.69	88.62
干菜及菜制品	Dried Vegetables and Processed Products	0.77	0.67
鲜菌	Fresh Fungus	0.26	0.35
干菌及菌制品	Dry Fungus and Processed Products	0.03	0.03
肉禽及其制品	Meat, Poultry and Processed Products	36.09	37.43
猪肉	Pork	27.65	28.06
牛肉	Beef	0.73	0.91
羊肉	Mutton	0.48	0.46
家禽	Poultry	6.84	7.57
其他肉禽及制品	Other Meat, Poultry and Processed Products	0.60	0.68
蛋类及蛋制品	Eggs and Processed Products	4.36	4.34
奶和奶制品	Milk and Processed Products	2.04	2.16
水产品	Aquatic Products	2.34	2.54
油脂类	Oil and Fats	5.94	7.04
食糖	Sugar	1.12	1.28
干鲜瓜果类	Dried and Fresh Melons and Fruits	16.81	18.95
茶叶	Tea	0.50	0.44
烟叶	Tobacco	36.75	37.16
酒	Liquor	9.72	9.11

1-27 2015-2016年居民每百户家庭耐用消费品拥有量
OWNERSHIP OF MAJOR DURABLE CONSUMER GOODS PER 100 HOUSEHOLDS (2015-2016)

单位：辆、台、个 (unit)

指 标	Indicator	2015	2016
家用汽车	Automobile	24.17	28.69
摩托车	Motorcycle	56.51	60.98
助力车	Hand Car	20.56	23.27
洗衣机	Washing Machine	80.02	84.99
电冰箱(柜)	Refrigerator	69.47	76.68
微波炉	Microwave Oven	31.03	30.20
彩色电视机	Color TV Set	104.94	105.33
其中：接入有线电视	Where: Accessed to the Cable TV	56.13	54.76
空调	Air Conditioner	1.74	2.02
热水器	Water Heater	72.42	78.57
其中：太阳能热水器	Where: Solar Water Heater	63.02	68.39
消毒碗柜	Disinfection Cupboard	3.34	3.13
洗碗机	Dishwasher	0.82	0.65
排油烟机	Oil Fume Extractor	31.75	32.22
固定电话	Fixed-line Telephone	20.47	16.69
移动电话	Mobile Telephone	235.11	253.47
其中：接入互联网	Where: Accessed to the Internet	63.79	82.72
计算机	Computers	30.75	33.13
其中：接入互联网	Where: Accessed to the Internet	25.08	26.66
摄像机	Video Camera	3.35	3.18
照相机	Camera	15.32	12.57
中高档乐器	High-grade Instrument	2.22	2.15
健身器材	Health Equipment	2.19	2.16
组合音响	Hi-Fi Stereo Component Player	11.83	10.53

1-28 2015-2016年城镇常住居民每百户家庭耐用消费品拥有量
OWNERSHIP OF MAJOR DURABLE CONSUMER GOODS PER 100 URBAN HOUSEHOLDS (2015-2016)

单位：辆、台、个 (unit)

指 标	Indicator	2015	2016
家用汽车	Automobile	40.03	45.73
摩托车	Motorcycle	31.45	34.47
助力车	Hand Car	31.73	33.65
洗衣机	Washing Machine	95.29	97.41
电冰箱(柜)	Refrigerator	91.52	95.03
微波炉	Microwave Oven	57.06	55.53
彩色电视机	Color TV Set	109.04	108.57
其中：接入有线电视	Where: Accessed to the Cable TV	88.71	85.51
空调	Air Conditioner	3.62	3.90
热水器	Water Heater	92.14	93.61
其中：太阳能热水器	Where: Solar Water Heater	75.52	77.38
消毒碗柜	Disinfection Cupboard	6.81	5.99
洗碗机	Dishwasher	1.52	1.31
排油烟机	Oil Fume Extractor	68.20	68.08
固定电话	Fixed-line Telephone	32.99	27.63
移动电话	Mobile Telephone	234.05	248.78
其中：接入互联网	Where: Accessed to the Internet	93.60	119.04
计算机	Computers	62.22	66.78
其中：接入互联网	Where: Accessed to the Internet	52.60	56.52
摄像机	Video Camera	7.57	7.03
照相机	Camera	33.11	27.15
中高档乐器	High-grade Instrument	4.84	4.45
健身器材	Health Equipment	4.85	4.85
组合音响	Hi-Fi Stereo Component Player	14.42	12.05

1-29 2015-2016年农村常住居民每百户家庭耐用消费品拥有量

OWNERSHIP OF MAJOR DURABLE CONSUMER GOODS PER 100 RURAL HOUSEHOLDS (2015-2016)

单位：辆、台、个 (unit)

指 标	Indicator	2015	2016
家用汽车	Automobile	11.80	15.49
摩托车	Motorcycle	76.07	81.54
助力车	Hand Car	11.84	15.22
洗衣机	Washing Machine	68.10	75.36
电冰箱(柜)	Refrigerator	52.27	62.44
微波炉	Microwave Oven	10.71	10.56
彩色电视机	Color TV Set	101.73	102.83
其中：接入有线电视	Where: Accessed to the Cable TV	30.71	30.91
空调	Air Conditioner	0.28	0.57
热水器	Water Heater	57.03	66.92
其中：太阳能热水器	Where: Solar Water Heater	53.26	61.43
消毒碗柜	Disinfection Cupboard	0.64	0.91
洗碗机	Dishwasher	0.27	0.14
排油烟机	Oil Fume Extractor	3.31	4.42
固定电话	Fixed-line Telephone	10.69	8.22
移动电话	Mobile Telephone	235.94	257.12
其中：接入互联网	Where: Accessed to the Internet	40.52	54.56
计算机	Computers	6.19	7.03
其中：接入互联网	Where: Accessed to the Internet	3.60	3.51
摄像机	Video Camera	0.06	0.20
照相机	Camera	1.44	1.27
中高档乐器	High-grade Instrument	0.17	0.37
健身器材	Health Equipment	0.12	0.08
组合音响	Hi-Fi Stereo Component Player	9.80	9.35

1-30 2015-2016年居民家庭人均全年主要商品购买情况
PER CAPITA ANNUAL PURCHASES OF MAJOR COMMODITIES OF HOUSEHOLDS (2015-2016)

指 标	Indicator	2015	2016
粮食 (千克)	Grain(kg)	67.7	72.5
鲜菜 (千克)	Fresh Vegetables(kg)	52.5	54.9
食用油 (千克)	Edible Oil(kg)	6.5	6.7
猪肉 (千克)	Pork(kg)	14.6	14.9
牛羊肉 (千克)	Beef and Mutton(kg)	1.9	2.1
家禽 (千克)	Poultry(kg)	4.0	4.3
鲜蛋 (千克)	Fresh Eggs(kg)	2.9	2.7
水产品 (千克)	Aquatic Products(kg)	3.6	3.8
白酒 (千克)	Distilled Spirit(kg)	3.9	3.7

1-31 2015-2016年城镇常住居民家庭人均全年主要商品购买情况
PER CAPITA ANNUAL PURCHASES OF MAJOR COMMODITIES OF URBAN PERMANENT HOUSEHOLDS (2015-2016)

指 标	Indicator	2015	2016
粮食 (千克)	Grain(kg)	78.8	79.1
鲜菜 (千克)	Fresh Vegetables(kg)	99.3	98.9
食用油 (千克)	Edible Oil(kg)	10.0	9.5
猪肉 (千克)	Pork(kg)	21.6	21.4
牛羊肉 (千克)	Beef and Mutton(kg)	3.4	3.6
家禽 (千克)	Poultry(kg)	7.4	7.5
鲜蛋 (千克)	Fresh Eggs(kg)	5.4	4.8
水产品 (千克)	Aquatic Products(kg)	5.8	6.0
白酒 (千克)	Distilled Spirit(kg)	2.9	2.7

1-32 2015-2016年农村常住居民家庭人均全年主要商品购买情况
PER CAPITA ANNUAL PURCHASES OF MAJOR COMMODITIES OF RURAL PERMANENT HOUSEHOLDS (2015-2016)

指 标	Indicator	2015	2016
粮食 (千克)	Grain(kg)	60.7	68.2
鲜菜 (千克)	Fresh Vegetables(kg)	23.3	26.5
食用油 (千克)	Edible Oil(kg)	4.3	4.9
猪肉 (千克)	Pork(kg)	10.2	10.7
牛羊肉 (千克)	Beef and Mutton(kg)	0.6	0.9
家禽 (千克)	Poultry(kg)	1.9	2.2
鲜蛋 (千克)	Fresh Eggs(kg)	1.4	1.3
水产品 (千克)	Aquatic Products(kg)	2.2	2.4
白酒 (千克)	Distilled Spirit(kg)	4.4	4.3

1-33 2010-2016年各州市县城镇常住居民人均可支配收入
PER CAPITA DISPOSABLE INCOME OF URBAN BY CITIES (STATES), AND DISTRICTS (2010-2016)

单位：元 (yuan)

地 区	Region	2010	2011	2012	2013	2014	2015	2016
全 省	**Total**	**15528**	**17956**	**20371**	**22460**	**24299**	**26373**	**28611**
昆明市	**Kunming**	**19132**	**22264**	**25581**	**28737**	**31295**	**33955**	**36739**
五华区	Wuhua	19670	22621	26109	29530	32099	34731	37509
盘龙区	Panlong	19688	22488	26097	29490	32056	34716	37528
官渡区	Guandu	19455	22482	26012	29472	32036	34695	37540
西山区	Xishan	19595	22591	26093	29433	32023	34713	37490
东川市	Dongchuan	14444	16534	19029	21579	23608	25662	27843
呈贡区	Chenggong	19887	22725	25893	29208	31720	34352	37100
晋宁区	Jinning	17564	20455	23533	26428	28806	31341	33880
富民县	Fumin	17395	20265	23285	26196	28528	30952	33521
宜良县	Yiliang	17553	20925	23672	26868	29124	31629	34223
石林县	Shilin	18046	21006	24331	27250	29512	32080	34678
嵩明县	Songming	17427	20369	23471	26593	29013	31450	34060
禄劝县	Luquan	14264	16726	19210	21727	23726	25885	28137
寻甸县	Xundian	15169	17452	20077	22787	24861	27099	29430
安宁市	Anning	19609	22799	26219	29103	31606	34135	36798
曲靖市	**Qujing**	**15069**	**17402**	**20442**	**22936**	**25023**	**27100**	**29485**
麒麟区	Qilin	16045	18624	21324	24779	27207	29574	32384
马龙县	Malong	15062	16443	19385	21964	24160	26141	28363
陆良县	Luliang	14365	15304	18059	20461	22405	24265	26614
师宗县	Shizong	14476	15195	17930	20835	22918	24751	26904
罗平县	Luoping	15135	15809	18339	21255	23423	25437	27803
富源县	Fuyuan	16140	17041	20108	23264	25126	27237	29716
会泽县	Huize	13246	15338	17878	20561	22659	24562	26723
沾益县	Zhanyi	16600	17060	20033	22938	25048	27052	29541
宣威市	Xuanwei	14875	17285	20104	23301	25538	27709	30286

1-33 续表 1 Continued

单位：元 (yuan)

地 区	Region	2010	2011	2012	2013	2014	2015	2016
玉溪市	**Yuxi**	**16777**	**18871**	**21781**	**24726**	**27223**	**29631**	**32177**
红塔区	Hongta	17640	19596	22433	25507	28109	30592	33278
江川县	Jiangchuan	16290	18119	20935	23783	26194	28509	31191
澄江县	Chengjiang	17215	19012	21963	24950	27494	29944	32632
通海县	Tonghai	16557	18453	21594	24553	27062	29443	32116
华宁县	Huaning	16378	18363	21182	24063	26518	28881	31533
易门县	Yimen	16195	18074	20857	23693	26678	29170	31886
峨山县	Eshan	16717	18766	21725	24658	27173	29594	32160
新平县	Xinping	16429	18588	21692	24621	27108	29471	31997
元江县	Yuanjiang	16248	18212	21170	24027	26430	28756	31426
保山市	**Baoshan**	**14338**	**16209**	**18883**	**21528**	**23638**	**25647**	**27801**
隆阳区	Longyang	15713	17429	20239	23052	26025	28415	31110
施甸县	Shidian	11927	13391	15405	17901	20066	21794	23579
腾冲市	Tengchong	13430	15204	18014	21005	23042	24629	26979
龙陵县	Longling	12344	13769	15862	18256	20246	22056	23776
昌宁县	Changning	12997	14552	16735	19362	21647	23564	25684
昭通市	**Zhaotong**	**12067**	**13812**	**16090**	**18376**	**20030**	**21773**	**23645**
昭阳区	Zhaoyang	13624	15737	17862	20684	23021	24863	27076
鲁甸县	Ludian	12022	13141	15227	17511	19035	20743	22402
巧家县	Qiaojia	10999	12494	14629	16956	18651	20361	22051
盐津县	Yanjin	10900	12771	15111	17544	19316	21248	22778
大关县	Daguan	10623	12271	14448	16817	18246	19761	21559
永善县	Yongshan	11162	12076	14344	16713	18551	20162	21795
绥江县	Suijiang	11586	13088	15259	17564	19127	20622	22313
镇雄县	Zhenxiong	10945	12523	14575	16792	18320	20052	21756

1-33 续表 2 Continued

单位：元 (yuan)

地 区	Region	2010	2011	2012	2013	2014	2015	2016
彝良县	Yiliang	11410	12783	14887	16793	18170	19748	21446
威信县	Weixin	10904	12659	14890	17183	18677	20191	21705
水富县	Shuifu	14039	15521	18330	21245	23794	26159	28016
丽江市	**Lijiang**	**13944**	**16050**	**18907**	**21554**	**23752**	**25803**	**28099**
古城区	Gucheng	15583	17578	21094	24574	27052	29381	32202
玉龙县	Yulong	12082	12767	15317	17768	19882	21642	23698
永胜县	Yongsheng	12141	13064	15494	17632	19801	21557	23476
华坪县	Huaping	14565	16560	18978	21597	24232	26337	28918
宁蒗县	Ninglang	9829	11382	12976	15059	16754	17922	19499
普洱市	**Pu'er**	**13689**	**15117**	**17546**	**19480**	**21058**	**22830**	**24795**
思茅区	Simao	14069	15542	17825	20472	22174	24114	26425
宁洱县	Ning'er	14842	16159	18365	20411	22038	23852	26014
墨江县	Mojiang	13368	13892	16377	18793	20305	21997	24066
景东县	Jingdong	13042	14450	17289	19141	20665	22347	24295
景谷县	Jinggu	13875	15424	17995	20444	22090	23946	26058
镇沅县	Zhenyuan	13488	14157	16436	19033	20576	22294	24184
江城县	Jiangcheng	13625	14095	16364	18884	20394	22161	23999
孟连县	Menglian	11205	12382	14376	16775	18176	19637	21329
澜沧县	Lancang	12121	13344	15403	17759	19193	20729	22568
西盟县	Ximeng	11428	12416	14415	16578	17937	19367	20994
临沧市	**Lincang**	**12396**	**13650**	**15810**	**17897**	**19526**	**21225**	**23072**
临翔区	Linxiang	12428	14019	16214	18332	19982	21683	23700
凤庆县	Fengqing	12092	13596	15740	17810	19698	21414	23427
云 县	Yun County	11995	13522	15626	18099	19855	21624	23570

1-33 续表 3 Continued

单位：元 (yuan)

地 区	Region	2010	2011	2012	2013	2014	2015	2016
永德县	Yongde	12083	13587	15731	17981	19725	21444	23353
镇康县	Zhenkang	11936	13370	15482	17517	19216	20909	22707
双江县	Shuangjiang	11511	12937	14950	17426	19273	20979	22804
耿马县	Gengma	12188	13661	15789	18015	19781	21505	23462
沧源县	Cangyuan	11541	12940	15039	17187	19026	20627	22380
楚雄州	**Chuxiong**	**15234**	**17333**	**19786**	**22362**	**24531**	**26763**	**29200**
楚雄市	Chuxiong	16819	18326	20740	23872	26068	28285	30858
双柏县	Shuangbai	13854	16105	18424	21372	23894	26423	28983
牟定县	Mouding	15273	16935	19005	21665	24135	26302	28901
南华县	Nanhua	15401	16414	18883	21961	24355	26657	29012
姚安县	Yaoan	14971	16869	18691	21270	23759	26228	28720
大姚县	Dayao	15054	17006	19074	22012	24477	26813	29309
永仁县	Yongren	14278	16234	18533	21442	23951	26373	28753
元谋县	Yuanmou	16122	18274	20114	22950	25498	27667	30211
武定县	Wuding	14593	16408	18843	21821	24461	26841	29332
禄丰县	Lufeng	16703	18191	20481	23144	25574	27914	30477
红河州	**Honghe**	**13062**	**16346**	**19192**	**21706**	**23877**	**26002**	**28342**
个旧市	Gejiu	13868	16638	19663	22514	24698	26916	29291
开远市	Kaiyuan	14894	16508	19377	22148	24318	26415	28659
蒙自市	Mengzi	14448	16666	19653	22365	24736	26922	29538
屏边县	Pingbian	13024	14416	16960	19487	21767	23856	26158
建水县	Jianshui	13280	15243	18275	21126	23556	25520	27827
石屏县	Shiping	13521	14707	17415	20271	22541	24570	26871
弥勒市	Mile	14113	16452	19525	22375	24792	27101	29563
泸西县	Luxi	12993	14715	17565	20341	22741	24763	27038

1-33 续表 4 Continued

单位：元 (yuan)

地 区	Region	2010	2011	2012	2013	2014	2015	2016
元阳县	Yuanyang	12614	14558	17222	19581	21872	23885	26147
红河县	Honghe	12309	14175	16977	19642	21842	23921	26157
金平县	Jinping	12668	14615	17143	19475	21792	23908	26104
绿春县	Lvchun	12276	14155	16860	19254	21526	23625	25628
河口县	Hekou	13134	16075	18838	21570	23727	25707	27987
文山州	**Wenshan**	**14022**	**16017**	**18125**	**20233**	**21872**	**23753**	**25778**
文山市	Wenshan	15127	17038	19106	22010	23925	26078	28450
砚山县	Yanshan	14211	15959	18385	21050	22945	25102	27357
西畴县	Xichou	12287	13658	15710	17831	19454	21341	23217
麻栗坡县	Malipo	11765	13792	15682	18035	19712	21388	23216
马关县	Maguan	13762	15433	17285	19532	21427	23527	25570
丘北县	Qiubei	12787	14324	16071	18273	20027	21950	23848
广南县	Guangnan	12555	14112	15917	17986	19605	21448	23320
富宁县	Funing	13436	15244	17302	19638	21543	23460	25412
西双版纳州	**Xishuangbanna**	**13124**	**15363**	**17562**	**19705**	**21478**	**23304**	**25233**
景洪市	Jinghong	14534	15952	18136	20880	23010	25104	27363
勐海县	Menghai	12716	14139	16442	18781	21129	22926	24783
勐腊县	Mengla	11398	12596	14399	16336	17839	19587	21271
大理州	**Dali Prefecture**	**15858**	**17579**	**20212**	**22773**	**24868**	**27081**	**29371**
大理市	Dali	16173	18130	20871	24085	26445	28693	31205
漾濞县	Yangbi	13897	15648	18261	20569	22441	24482	26550
祥云县	Xiangyun	15353	17410	20161	22782	25060	27281	29726
宾川县	Binchuan	14822	16868	19989	22507	24623	26802	29093

1-33 续表 5 Continued

单位：元 (yuan)

地 区	Region	2010	2011	2012	2013	2014	2015	2016
弥渡县	Midu	14098	15931	18767	21319	23366	25539	27670
南涧县	Nanjian	14848	16912	18958	21518	23562	25700	27950
巍山县	Weishan	14875	16719	18775	21310	23334	25500	27890
永平县	Yongping	14343	16394	18738	21268	23352	25547	27863
云龙县	Yunlong	13810	15523	17479	20188	22409	24342	26348
洱源县	Eryuan	14087	16144	18727	21375	23513	25582	27874
剑川县	Jianchuan	13844	15657	17655	19950	21985	23964	26111
鹤庆县	Heqing	14644	16928	19943	22456	24499	26761	29049
德宏州	**Dehong**	**13808**	**15277**	**17688**	**19689**	**21303**	**23010**	**24943**
瑞丽市	Ruili	15220	16972	19182	22005	24866	26355	28991
芒　市	Mang City	13676	15143	16995	18915	20428	22084	24027
梁河县	Lianghe	12598	13855	15563	17135	18557	20193	21889
盈江县	Yingjiang	13631	15154	17018	18890	20401	22063	23872
陇川县	Longchuan	12831	14131	15927	17551	18973	20903	22617
怒江州	**Nujiang**	**10302**	**12074**	**14171**	**15943**	**17266**	**19010**	**20721**
泸水县	Lushui	10086	11966	13945	15846	17383	19195	21034
福贡县	Fugong	10307	11502	12998	15457	16678	18140	19716
贡山县	Gongshan	9329	10981	14054	15252	16808	18135	19734
兰坪县	Lanping	10476	12041	14153	15898	17377	19162	20979
迪庆州	**Diqing**	**16719**	**18757**	**20700**	**22975**	**25020**	**27097**	**29439**
香格里拉县	Shangri-La	17500	19016	20746	23545	25405	27544	29968
德钦县	Deqin	16812	18918	21243	24322	26511	28710	31150
维西县	Weixi	15423	16723	18233	20605	22233	24115	26261

1-34 2010-2016年各州市县农村常住居民人均可支配收入
PER CAPITA DISPOSABLE INCOME OF RURAL PERMANENT HOUSEHOLDS BY CITIES (STATES), COUNTIES AND DISTRICTS (2010-2016)

单位：元 (yuan)

地 区	Region	2010	2011	2012	2013	2014	2015	2016
全 省	**Total**	**4327**	**5170**	**5930**	**6724**	**7456**	**8242**	**9020**
昆明市	**Kunming**	**5794**	**6965**	**8017**	**9247**	**10366**	**11444**	**12555**
五华区	Wuhua	7580	8824	10258	12043	13476	14824	16217
盘龙区	Panlong	7376	8628	10309	12114	13543	14951	16386
官渡区	Guandu	8072	9590	10810	12691	14213	15677	17166
西山区	Xishan	7480	8797	10571	12432	13924	15372	16802
东川市	Dongchuan	3172	3731	4280	5097	5765	6405	7078
呈贡区	Chenggong	7544	9022	10474	12275	13760	15164	16605
晋宁区	Jinning	5508	6820	8215	9727	10913	12081	13253
富民县	Fumin	5152	6260	7632	9029	10148	11244	12346
宜良县	Yiliang	5416	6517	7850	9279	10346	11453	12598
石林县	Shilin	5217	6413	7742	9174	10284	11343	12443
嵩明县	Songming	5139	6266	7556	8924	10040	11124	12236
禄劝县	Luquan	3087	3668	4417	5239	5920	6595	7301
寻甸县	Xundian	3351	3957	4541	5395	6113	6803	7524
安宁市	Anning	7053	8268	9545	11196	12562	13882	15215
曲靖市	**Qujing**	**4531**	**5523**	**6528**	**7528**	**8514**	**9451**	**10380**
麒麟区	Qilin	5732	6945	8354	9942	11333	12523	13813
马龙县	Malong	4008	4885	5874	6768	7776	8639	9477
陆良县	Luliang	5495	6478	7669	8835	10036	11140	12390
师宗县	Shizong	4131	5106	6008	7160	8198	9059	9920
罗平县	Luoping	4788	5913	7250	8642	9964	11090	12254
富源县	Fuyuan	4647	5674	6496	7600	8512	9457	10422
会泽县	Huize	3414	4200	5147	6099	7033	7828	8603
沾益县	Zhanyi	5229	6209	7334	8507	9630	10612	11673
宣威市	Xuanwei	4067	5115	6046	7195	8267	9193	10140

1-34 续表 1 Continued

单位：元 (yuan)

地　区	Region	2010	2011	2012	2013	2014	2015	2016
玉溪市	**Yuxi**	**5671**	**6528**	**7527**	**8807**	**9969**	**10977**	**11968**
红塔区	Hongta	6883	7772	8904	10436	11836	13009	14177
江川县	Jiangchuan	5425	6135	6985	8180	9274	10214	11167
澄江县	Chengjiang	6347	6975	7938	9287	10532	11606	12707
通海县	Tonghai	6268	7120	8655	10144	11476	12635	13783
华宁县	Huaning	5323	6377	7276	8520	9663	10651	11694
易门县	Yimen	5213	6027	6930	8115	9349	10437	11472
峨山县	Eshan	5092	5928	6828	7996	9068	9984	10921
新平县	Xinping	5067	5986	7041	8245	9334	10281	11226
元江县	Yuanjiang	4956	5762	6654	7785	8851	9754	10690
保山市	**Baoshan**	**3855**	**4719**	**5668**	**6672**	**7626**	**8572**	**9426**
隆阳区	Longyang	4366	5178	6019	7079	8247	9289	10392
施甸县	Shidian	3554	4473	5159	6160	7034	7807	8629
腾冲市	Tengchong	3562	4416	5387	6529	7502	8484	9400
龙陵县	Longling	3657	4381	5136	6158	7094	7947	8841
昌宁县	Changning	3671	4585	5367	6413	7419	8323	9097
昭通市	**Zhaotong**	**3424**	**4075**	**4820**	**5694**	**6497**	**7212**	**7951**
昭阳区	Zhaoyang	3760	4413	5244	6215	7154	7969	8766
鲁甸县	Ludian	3428	4060	4863	5695	6521	7303	7975
巧家县	Qiaojia	3381	3897	4682	5581	6418	7188	7871
盐津县	Yanjin	3263	3933	4747	5687	6523	7351	8108
大关县	Daguan	3357	3876	4619	5483	6272	6912	7617
永善县	Yongshan	3323	3885	4684	5597	6380	7121	7840
绥江县	Suijiang	3503	4111	4778	5701	6499	7181	7928
镇雄县	Zhenxiong	3070	3760	4623	5562	6396	7183	7959

1-34 续表 2 Continued

单位：元 (yuan)

地 区	Region	2010	2011	2012	2013	2014	2015	2016
彝良县	Yiliang	3220	3878	4555	5394	6106	6777	7441
威信县	Weixin	3336	3948	4709	5637	6432	7063	7826
水富县	Shuifu	3805	4457	5481	6588	7543	8373	9127
丽江市	**Lijiang**	**3563**	**4461**	**5322**	**6306**	**7183**	**7924**	**8750**
古城区	Gucheng	5354	7192	8615	10338	11889	13316	14606
玉龙县	Yulong	3676	4523	5422	6420	7383	8359	9272
永胜县	Yongsheng	3531	4316	5177	6238	7217	8133	9083
华坪县	Huaping	4083	5120	6120	7344	8356	9208	10118
宁蒗县	Ninglang	2437	3023	3598	4261	4886	5498	6151
普洱市	**Pu'er**	**3742**	**4697**	**5435**	**6358**	**7096**	**7914**	**8669**
思茅区	Simao	4158	5013	5896	6849	7650	8573	9366
宁洱县	Ning'er	3717	4639	5543	6554	7289	8125	9007
墨江县	Mojiang	3649	4460	5383	6305	7020	7780	8504
景东县	Jingdong	3834	4580	5515	6563	7297	8120	8879
景谷县	Jinggu	4062	4956	5764	6731	7491	8348	9162
镇沅县	Zhenyuan	3734	4752	5488	6553	7352	8177	9001
江城县	Jiangcheng	3380	4282	5170	6152	6841	7530	8315
孟连县	Menglian	3456	4335	5110	6106	6790	7482	8226
澜沧县	Lancang	3357	4181	4933	5831	6537	7335	8037
西盟县	Ximeng	2996	3920	4838	5849	6567	7341	8135
临沧市	**Lincang**	**3408**	**4452**	**5360**	**6304**	**7199**	**8063**	**8914**
临翔区	Linxiang	3568	4660	5416	6360	7261	8132	8969
凤庆县	Fengqing	3551	4584	5383	6399	7393	8265	9099
云 县	Yun County	3752	4786	5563	6698	7649	8552	9457

1-34 续表 3 Continued

单位：元 (yuan)

地 区	Region	2010	2011	2012	2013	2014	2015	2016
永德县	Yongde	3344	4432	5321	6406	7368	8237	9044
镇康县	Zhenkang	3130	4264	5217	6201	7129	8023	8786
双江县	Shuangjiang	3168	4256	5133	6232	7182	8051	8887
耿马县	Gengma	3531	4555	5430	6505	7489	8373	9267
沧源县	Cangyuan	3140	4287	5258	6173	7046	7899	8658
楚雄州	**Chuxiong**	**4099**	**4868**	**5700**	**6687**	**7570**	**8327**	**9181**
楚雄市	Chuxiong	4495	5215	6142	7205	8149	8956	9887
双柏县	Shuangbai	3269	4044	4926	5901	6798	7580	8406
牟定县	Mouding	3594	4269	5139	6074	6931	7680	8556
南华县	Nanhua	3780	4437	5241	6237	7172	7961	8821
姚安县	Yaoan	3887	4569	5452	6450	7385	8175	9033
大姚县	Dayao	3679	4338	5222	6246	7158	7960	8836
永仁县	Yongren	3439	4155	4973	5908	6788	7575	8408
元谋县	Yuanmou	4802	5624	6552	7765	8774	9625	10588
武定县	Wuding	3428	4102	4900	5879	6779	7592	8359
禄丰县	Lufeng	4592	5302	6241	7296	8303	9158	10101
红河州	**Honghe**	**4167**	**4940**	**5809**	**6765**	**7726**	**8599**	**9449**
个旧市	Gejiu	6049	6747	7905	9241	10535	11707	12871
开远市	Kaiyuan	5565	6517	7700	9009	10270	11451	12532
蒙自市	Mengzi	4958	5841	6920	8221	9388	10417	11540
屏边县	Pingbian	2936	3437	4130	4957	5710	6424	7110
建水县	Jianshui	5071	5882	6952	8168	9361	10374	11415
石屏县	Shiping	4574	5168	6112	7329	8384	9392	10407
弥勒市	Mile	4873	5679	6750	7918	9066	10091	11092
泸西县	Luxi	4294	5056	6016	7177	8232	9196	10193

1-34 续表 4 Continued

单位：元 (yuan)

地 区	Region	2010	2011	2012	2013	2014	2015	2016
元阳县	Yuanyang	3031	3549	4233	5008	5749	6426	7131
红河县	Honghe	2947	3448	4187	5003	5739	6438	7138
金平县	Jinping	2918	3505	4268	4998	5748	6444	7121
绿春县	Lvchun	2920	3452	4182	4935	5680	6385	7006
河口县	Hekou	4561	5335	6316	7446	8511	9473	10361
文山州	**Wenshan**	**3180**	**4379**	**5261**	**6187**	**6998**	**7699**	**8403**
文山市	Wenshan	3732	4935	5692	6802	7720	8484	9278
砚山县	Yanshan	3284	4371	5344	6440	7354	8126	8925
西畴县	Xichou	2655	3873	4674	5632	6443	7210	7930
麻栗坡县	Malipo	2959	4141	5031	5996	6836	7608	8302
马关县	Maguan	3224	4351	5060	6047	6918	7644	8360
丘北县	Qiubei	2996	4241	5190	6212	7094	7874	8635
广南县	Guangnan	2878	4006	4852	5754	6560	7295	7976
富宁县	Funing	3077	4261	5218	6272	7182	8008	8730
西双版纳州	**Xishuangbanna**	**4903**	**5999**	**6953**	**8003**	**9155**	**10080**	**11049**
景洪市	Jinghong	5080	6453	7640	8984	10278	11409	12493
勐海县	Menghai	4105	4864	5916	6947	8121	9095	9986
勐腊县	Mengla	4060	4894	5612	6529	7456	8209	8981
大理州	**Dali Prefecture**	**4066**	**4933**	**5929**	**6959**	**7933**	**8766**	**9612**
大理市	Dali	5785	6879	8247	9690	11095	12150	13329
漾濞县	Yangbi	3547	4651	5559	6554	7518	8295	9075
祥云县	Xiangyun	4000	5111	6033	7065	8096	8906	9859
宾川县	Binchuan	5063	6360	7683	9182	10559	11615	12800

1-34 续表 5 Continued

单位：元 (yuan)

地 区	Region	2010	2011	2012	2013	2014	2015	2016
弥渡县	Midu	3396	4345	5215	6050	6921	7668	8373
南涧县	Nanjian	2800	3935	4772	5631	6476	7098	7779
巍山县	Weishan	3087	4143	5070	6008	6903	7634	8428
永平县	Yongping	3228	4366	5250	6143	6972	7739	8552
云龙县	Yunlong	3030	4064	4954	5901	6845	7563	8259
洱源县	Eryuan	3742	4657	5517	6516	7402	8157	8989
剑川县	Jianchuan	2827	3775	4596	5441	6214	6835	7477
鹤庆县	Heqing	3592	4600	5478	6354	7212	7943	8713
德宏州	**Dehong**	**3751**	**4562**	**5305**	**6246**	**7152**	**7917**	**8659**
瑞丽市	Ruili	4491	5137	5948	7052	8230	8706	9681
芒 市	Mang City	4161	4847	5632	6698	7656	8497	9456
梁河县	Lianghe	2987	3772	4469	5284	6050	6652	7284
盈江县	Yingjiang	3638	4613	5522	6424	7343	8151	8901
陇川县	Longchuan	3150	3947	4813	5687	6506	7284	7954
怒江州	**Nujiang**	**2327**	**2742**	**3218**	**3773**	**4297**	**4791**	**5299**
泸水县	Lushui	2430	2903	3396	3944	4409	4877	5387
福贡县	Fugong	1933	2426	2951	3430	3944	4494	5092
贡山县	Gongshan	1985	2491	2917	3480	3960	4519	5110
兰坪县	Lanping	2412	2801	3305	3934	4406	4874	5380
迪庆州	**Diqing**	**3099**	**3801**	**4416**	**5158**	**5865**	**6487**	**7088**
香格里拉县	Shangri-La	3142	3770	4499	5196	5923	6557	7173
德钦县	Deqin	2967	3715	4519	5202	5899	6516	7115
维西县	Weixi	3094	3781	4379	5111	5806	6418	7015

1-35 1978-2015年城镇居民家庭基本情况
BASIC DATA ON URBAN HOUSEHOLDS (1978-2015)

年 份 Year	调查户数 (户) Number of Households Surveyed (household)	平均每户家庭人口 (人) Average Population Per Household (person)	平均每户就业人口 (人) Average Number of Empolyee Per Household (person)	平均每户就业面 (%) Proportion of Employment per Household (%)	平均每一就业者负担人数 (人) Number of Dependents per Employee (person)
1978	330	4.45	2.15	48.30	2.07
1983	330	4.21	2.29	54.40	1.83
1984	330	4.13	2.27	55.00	1.82
1985	650	3.85	2.03	52.70	1.89
1986	650	3.80	2.03	53.40	1.88
1987	650	3.77	2.01	53.30	1.88
1988	950	3.69	1.92	52.00	1.93
1989	950	3.67	1.92	52.30	1.91
1990	950	3.57	1.93	54.10	1.85
1991	950	3.48	1.91	54.90	1.82
1992	950	3.37	1.91	56.70	1.76
1993	950	3.30	1.87	56.70	1.76
1994	950	3.20	1.83	57.10	1.75
1995	950	3.17	1.84	57.80	1.73
1996	950	3.13	1.86	59.40	1.68
1997	950	3.12	1.88	60.30	1.66
1998	950	3.05	1.83	60.00	1.67
1999	950	3.05	1.80	59.00	1.69
2000	1250	3.12	1.77	56.70	1.76
2001	1250	3.04	1.60	52.60	1.90
2002	1250	3.00	1.56	52.00	1.92
2003	1300	2.99	1.55	51.84	1.93
2004	1600	2.96	1.41	47.64	2.10
2005	1600	2.96	1.33	44.93	2.23
2006	1550	2.95	1.37	46.44	2.16
2007	1750	2.88	1.39	48.26	2.07
2008	1750	2.87	1.40	48.78	2.05
2009	1750	2.84	1.40	49.29	2.03
2010	1750	2.86	1.42	49.65	2.01
2011	1750	2.88	1.47	51.04	1.96
2012	1750	2.86	1.53	53.50	1.87
2013	2002	3.00	1.61	53.83	1.86
2014	2063	3.00	1.71	56.94	1.76
2015	2079	3.03	1.68	55.58	1.80

注：2013年起,国家统计局开展实施城乡一体化住户调查改革,表中2013年起数据来源于改革后的调查样本,与2013年前的分城镇和农村住户调查的调查范围、调查方法、指标口径有所不同。

Note:The NBS started an integrated household income and expenditure survey in 2013, including both urban and rural households.The data shown in the table from 2013 is on the basis of the survey. The coverage, methodology and definitions used in the survey are different from those used for the separate urban and rural household surveys prior to 2013.

1-36 1978-2015年农村居民家庭基本情况
BASIC DATA ON RURAL HOUSEHOLDS (1978-2015)

年 份 Year	调查户数 (户) Number of Households Surveyed (household)	常住人口 (人) Number of Usual Residents in the Households Surveyed (person)	常住人口 (人/户) Average Number of Permanent Residents (person / household)	整半劳动力 (人/户) Average Number of Full/Semi Labour Force (person / household)	劳动力负担人口 (人/劳动力) Average Number of Dependents (person/labor force)
1978	544	3421	6.29	3.03	2.08
1983	610	3683	6.04	3.37	1.79
1984	610	3618	5.93	3.38	1.75
1985	2400	13981	5.83	3.30	1.77
1986	2400	13809	5.75	3.20	1.80
1987	2400	13646	5.69	3.20	1.78
1988	2400	13398	5.58	3.20	1.74
1989	2400	13200	5.50	3.20	1.72
1990	2400	13001	5.42	3.20	1.69
1991	2400	12480	5.20	3.02	1.72
1992	2400	12433	5.18	3.10	1.67
1993	2400	12239	5.10	3.10	1.65
1994	2400	12021	5.01	3.10	1.62
1995	2400	11862	4.94	3.10	1.59
1996	2400	11758	4.90	3.20	1.44
1997	2400	11569	4.82	3.10	1.55
1998	2400	11221	4.68	3.10	1.51
1999	2400	11012	4.59	2.96	1.55
2000	2400	10940	4.56	2.90	1.59
2001	2400	10786	4.49	2.80	1.61
2002	2400	10761	4.48	2.87	1.56
2003	2400	10684	4.45	2.90	1.55
2004	2400	10591	4.41	2.90	1.52
2005	2400	10396	4.33	2.80	1.54
2006	2400	10449	4.35	2.80	1.57
2007	2400	10371	4.32	2.80	1.54
2008	2400	10361	4.32	2.86	1.51
2009	2400	10316	4.30	2.87	1.50
2010	2400	10271	4.28	2.87	1.49
2011	2400	10019	4.17	2.80	1.49
2012	2400	10075	4.20	2.77	1.52
2013	2941	11346	3.82	2.48	1.54
2014	2852	10956	3.79	2.41	1.57
2015	2919	17981	3.77	2.46	1.54

注：2013年起,国家统计局开展实施城乡一体化住户调查改革,表中2013年起数据来源于改革后的调查样本,与2013年前的分城镇和农村住户调查的调查范围、调查方法、指标口径有所不同。

Note:The NBS started an integrated household income and expenditure survey in 2013, including both urban and rural households.The data shown in the table from 2013 is on the basis of the survey. The coverage, methodology and definitions used in the survey are different from those used for the separate urban and rural household surveys prior to 2013.

1-37 1981-2012年城镇居民家庭人均收入来源
SOURCE OF PER CAPITA INCOME OF URBAN HOUSEHOLDS (1981-2012)

单位：元 (yuan)

年 份 Year	可支配收入 Disposable Income	总收入 Total Income	工资性收入 Wages Income	经营净收入 Net Business Income	财产性收入 Property Income	转移性收入 Transferred Income
1981	328	334				
1983	533	532				
1984	608	617				
1985	752	762	627	4		
1986	872	884	694	7		
1987	989	1001	776	12		
1988	1156	1169	841	14	7	144
1989	1305	1318	942	13	7	162
1990	1515	1528	1111	13	10	168
1991	1703	1717	1249	10	13	171
1992	2062	2104	1519	6	25	305
1993	2639	2692	1881	7	40	423
1994	3434	3486	2503	30	49	556
1995	4065	4113	2974	62	74	633
1996	4978	4999	3306	97	109	881
1997	5558	5616	4380	101	139	805
1998	6043	6100	4658	142	127	921
1999	6179	6235	4749	159	113	978
2000	6325	6370	4629	237	178	1013
2001	6798	6850	4506	298	204	1488
2002	7241	7690	5447	279	71	1894
2003	7644	8203	5854	287	86	1975
2004	8871	9546	6141	518	334	2553
2005	9266	9995	6171	595	428	2800
2006	10070	10848	6881	537	467	2963
2007	11496	12296	8020	686	477	3114
2008	13250	14118	8597	1166	849	3506
2009	14424	15680	9642	1092	1044	3902
2010	16065	17479	10845	1123	1162	4349
2011	18576	20255	12416	1786	1274	4779
2012	21075	23000	14408	2425	1000	5167

注：2001年及以前各年"工资性收入"为国有和集体职工收入；2002年前后"可支配收入"计算口径不同；2001年及以前各年"总收入"不等于其中四项之和。

Note: 'Wages income ' consists of income of the state-owned and collective workers in 2001 and previous years; the caliber on calculating 'Disposable income' is different from 2002; 'Total income' does not equal the sum of four(wages income, net business income, property income and transferred income) in 2001 and previous years.

1-38 1978-2012年农村居民家庭人均总收入
PER CAPITA TOTAL INCOME OF RURAL HOUSEHOLDS (1978-2012)

单位：元 (yuan)

年 份 Year	总收入 Total Income	工资性收入 Wages Income	家庭经营收入 Business Income of Households	财产性收入 Property Income	转移性收入 Transferred Income
1978	147	79	58		10
1980	171	77	76		18
1981	203	80	101		22
1982	266	108	136		22
1983	353	18	304		31
1984	417	17	363		36
1985	447	36	378		32
1986	466	18	424		23
1987	516	20	473		24
1988	614	13	565		36
1989	688	15	630		44
1990	775	77	663		35
1991	836	83	714		39
1992	931	15	854		62
1993	1065	83	899		82
1994	1288	96	1106	53	32
1995	1709	121	1484	57	48
1996	2023	139	1744	65	75
1997	2197	178	1901	23	96
1998	2158	195	1815	36	111
1999	2210	215	1880	26	88
2000	2247	264	1845	48	91
2001	2331	283	1894	59	94
2002	2491	286	2036	60	109
2003	2554	318	2068	67	101
2004	2843	326	2349	72	97
2005	3179	348	2653	76	103
2006	3594	442	2952	82	117
2007	4215	522	3459	86	148
2008	4889	617	3908	110	254
2009	5105	685	3975	128	318
2010	5838	930	4339	177	392
2011	7397	1139	5567	219	472
2012	8188	1436	6034	234	484

1-39　1978-2012年农村居民家庭人均纯收入
PER CAPITA NET INCOME OF RURAL HOUSEHOLDS (1978-2012)

单位：元　　(yuan)

年份 Year	纯收入 Net Income	工资性收入 Wages Income	家庭经营纯收入 Net Business Income of Households	财产性收入 Property Income	转移性收入 Transferred Income
1978	131	79	41		10
1980	150	77	56		17
1981	178	80	76		22
1982	232	108	102		22
1983	267	18	219		30
1984	310	17	261		33
1985	338	36	270		32
1986	338	9	301		29
1987	365	9	325		30
1988	428	10	383		35
1989	478	12	425		41
1990	541	77	434		30
1991	573	11	514		48
1992	618	15	547		56
1993	675	83	516		76
1994	803	96	628	32	46
1995	1011	121	792	57	41
1996	1229	139	958	65	68
1997	1376	178	1091	23	84
1998	1387	195	1055	36	101
1999	1438	215	1119	26	77
2000	1479	264	1116	48	51
2001	1534	283	1138	59	53
2002	1609	286	1193	60	69
2003	1697	318	1243	67	69
2004	1864	326	1387	72	80
2005	2042	348	1530	76	88
2006	2251	442	1632	82	95
2007	2634	522	1910	86	116
2008	3103	617	2157	110	219
2009	3369	685	2279	128	278
2010	3952	930	2510	177	335
2011	4722	1139	2966	219	398
2012	5417	1436	3328	234	418

1-40 1980-2012年农村居民家庭人均现金收入

PER CAPITA CASH INCOME OF RURAL HOUSEHOLDS (1980-2012)

单位：元 (yuan)

年 份 Year	现金收入 Cash Income	工资性收入 Wages Income	家庭经营收入 Business Income of Households	财产性收入 Property Income	转移性收入 Transferred Income
1980	78	21	43		14
1982	140	28	93		19
1984	254	15	206		32
1985	254	10	203		41
1986	267	9	213		45
1987	324	9	266		49
1988	415	10	342		63
1989	465	12	387		66
1990	480	10	398		72
1991	538	11	453		74
1992	629	15	529		85
1993	717	81	530		106
1994	914	96	715		35
1995	1210	120	984		40
1996	1360	138	1081		46
1997	1437	177	1103	38	119
1998	1403	194	1007	62	140
1999	1405	215	1024	42	123
2000	1430	263	1038	42	87
2001	1473	282	1043	59	88
2002	1594	284	1145	60	104
2003	1710	318	1240	65	87
2004	1860	325	1380	65	90
2005	2175	348	1660	70	97
2006	2665	442	2039	68	116
2007	3191	522	2446	80	142
2008	3692	614	2722	107	249
2009	3876	684	2754	128	309
2010	4565	929	3077	171	388
2011	5951	1137	4125	221	469
2012	6693	1431	4539	241	482

1-41 1978-2012年城镇居民家庭人均消费性支出

单位：元

年 份 Year	生活消费支出 Household Consumption Expenditure	食品支出 Foods Expenditure	衣着支出 Clothing Expenditure	居住支出 Housing Expenditure
1978	303.12			
1983	480.13			
1984	527.27			
1985	703.56	360.39	91.19	24.52
1986	813.92	423.93	100.26	29.84
1987	883.52	481.85	105.28	23.92
1988	1143.29	533.70	137.64	49.28
1989	1140.71	621.33	119.83	44.82
1990	1272.09	679.18	154.78	44.28
1991	1428.28	763.42	193.83	29.47
1992	1704.15	861.60	233.76	81.51
1993	2186.29	1066.99	289.71	109.51
1994	2843.69	1441.93	386.94	154.89
1995	3448.27	1808.71	438.57	171.42
1996	4007.48	1971.54	511.27	294.03
1997	4537.08	2109.53	567.07	394.34
1998	5032.67	2222.58	588.05	421.21
1999	4941.26	2194.25	537.01	407.70
2000	5185.31	2091.70	521.92	480.04
2001	5252.60	2105.66	535.41	508.82
2002	5828.06	2423.43	539.58	437.69
2003	6023.56	2506.62	594.50	445.46
2004	6837.01	2895.60	651.72	592.93
2005	6996.90	2997.06	643.94	543.10
2006	7379.81	3102.46	745.08	585.35
2007	7921.83	3562.33	859.65	673.07
2008	9076.61	4272.29	1026.50	739.20
2009	10201.81	4460.58	1102.14	943.67
2010	11074.08	4593.49	1158.82	835.45
2011	12248.03	4802.26	1587.18	827.84
2012	13883.93	5468.17	1759.89	973.76

PER CAPITA CONSUMPTION EXPENDITURE OF URBAN HOUSEHOLDS (1978-2012)

(yuan)

家庭设备、用品及服务支出 Household Appliances and Services Expenditure	医疗保健支出 Healthcare and Medical Expenditure	交通通讯支出 Transport and Communications Expenditure	文教娱乐用品及服务支出 Cultural, Educational and Recreation Expenditure	其他商品和服务支出 Other Goods and Services Expenditure
66.13	10.50		74.51	49.50
68.48	13.24		79.17	67.37
85.18	16.13		57.49	76.44
134.08	21.41		98.88	101.96
91.29	28.22		64.29	116.80
101.07	37.89		77.67	126.27
133.00	47.86	18.15	77.12	140.04
138.00	63.12	47.64	165.72	112.80
193.54	86.87	73.97	224.96	140.74
197.52	122.84	128.98	270.32	140.27
225.48	141.24	174.78	323.46	164.61
284.49	180.51	208.30	364.15	193.19
312.46	209.63	237.68	502.63	203.74
423.85	215.35	266.48	588.45	306.70
369.07	249.54	290.84	561.91	330.94
384.15	291.76	421.76	649.33	344.65
306.73	369.63	467.60	595.92	362.83
311.48	466.17	623.87	855.00	170.84
269.57	545.76	763.59	735.88	162.18
302.04	623.22	882.19	725.08	164.23
291.17	663.01	930.58	775.62	152.42
335.14	600.08	1076.93	754.69	180.08
280.62	631.70	1034.71	705.51	174.24
331.94	606.86	1216.46	732.95	150.41
393.22	708.78	1587.19	798.69	207.53
509.41	637.89	2039.67	1014.40	284.95
570.46	822.41	1905.86	1350.65	381.38
634.09	939.13	2264.23	1434.30	410.35

1-42 1980-2012年农村居民家庭人均生活消费支出

单位：元

年 份 Year	生活消费支出 Household Consumption Expenditure	食品支出 Foods Expenditure	衣着支出 Clothing Expenditure	居住支出 Housing Expenditure
1980	124.56	87.07	12.49	16.06
1985	267.01	177.98	22.88	38.93
1990	485.47	310.40	35.77	76.16
1991	501.36	318.30	37.64	72.78
1992	536.06	328.22	42.66	81.50
1993	625.19	382.59	43.25	82.53
1994	764.91	458.43	51.12	115.66
1995	981.10	602.92	60.77	133.94
1996	1209.16	743.33	74.64	175.14
1997	1318.07	818.51	72.84	196.11
1998	1312.31	801.99	60.23	191.78
1999	1269.33	815.67	56.59	128.13
2000	1270.83	749.22	55.35	177.14
2001	1336.25	725.12	54.52	209.24
2002	1381.54	772.61	57.54	223.30
2003	1405.70	744.58	57.27	257.65
2004	1571.00	848.26	61.87	239.29
2005	1789.00	975.72	80.33	225.79
2006	2195.64	1071.13	93.62	435.87
2007	2637.18	1226.69	112.52	586.07
2008	2990.61	1483.16	119.63	626.12
2009	2924.85	1410.00	137.19	496.66
2010	3398.33	1604.50	160.72	638.09
2011	3999.87	1883.95	209.05	702.41
2012	4561.33	2080.61	241.07	804.39

PER CAPITA CONSUMPTION EXPENDITURE OF RURAL HOUSEHOLDS (1980–2012)

(yuan)

家庭设备、用品及服务支出 Household Appliances and Services Expenditure	医疗保健支出 Healthcare and Medical Expenditure	交通通讯支出 Transport and Communications Expenditure	文教娱乐用品及服务支出 Cultural, Educational and Recreation Expenditure	其他商品和服务支出 Other Goods and Services Expenditure
1.51	1.59	0.36	4.02	1.46
9.83	5.58	3.09	6.16	2.56
21.77	13.74	5.32	19.44	2.87
23.85	17.28	6.98	20.86	3.67
26.24	18.03	8.66	27.20	3.55
40.66	20.14	10.33	37.29	8.40
42.46	26.21	13.50	44.36	13.17
54.29	32.04	21.49	58.07	17.58
56.12	40.28	23.91	75.17	20.57
58.62	43.30	22.91	81.28	24.50
57.42	53.07	26.66	95.66	25.50
53.43	58.40	27.96	102.86	26.29
47.53	64.31	31.96	106.14	39.18
49.76	111.96	41.48	101.10	43.07
51.41	69.02	45.57	114.00	48.08
51.42	79.93	59.54	131.49	23.82
61.78	87.66	105.52	143.20	23.42
67.03	122.33	99.81	182.62	35.37
83.81	138.16	157.25	177.89	37.91
107.15	167.92	216.67	181.73	38.43
118.97	181.97	248.25	168.55	43.97
147.80	197.55	313.26	177.66	44.73
167.66	239.94	337.85	206.45	43.11
208.24	309.25	393.04	241.13	52.80
247.00	362.63	470.19	289.22	66.22

主要统计指标解释

住户 指居住在一个住宅内，共同分享生活开支或收入的一群人。居住在同一房间内、不共同分享生活开支的人群，每个人都视为一个住户。住家保姆、住家家庭帮工视为单独的住户。 根据居住的状态，可将住户分为家庭居住户和集体居住户。

常住成员 指住户成员中，经常在家居住、或者调查期内居住时间超过一半的人员，以及本住户供养的学生。 季度调查的常住成员包括： ①过去三个月已经居住或未来三个月打算居住时间超过1.5个月的住户成员。 ②过去三个月内每月至少在调查住宅居住一天以上，且没有在其他自有或独自租借的普通住宅中住过的人。或者说，在外与人合住或住在工棚、集体宿舍、工作地或其他临时性住所、又定期回家居住的人，也是本住户常住成员。③由本住户供养的在校学生（包括大中专学生和研究生）。 常住成员是住户收支的调查对象。

居民人均可支配收入 指通过住户收支与生活状况调查取得的， 调查户在调查期内获得的、可用于最终消费支出和储蓄的总和，即调查户可以用来自由支配的收入，除以家庭常住人口得到的人均收入。可支配收入既包括现金，也包括实物收入。按照收入的来源，可支配收入包含四项，分别为：工资性收入、经营净收入、财产净收入、转移净收入。按常住地分，得到城镇和农村居民可支配收入。

计算公式为：可支配收入=工资性收入+经营净收入+财产净收入+转移净收入

其中：经营净收入=经营收入-经营费用-生产性固定资产折旧-生产税

财产净收入=财产性收入-财产性支出

转移净收入=转移性收入-转移性支出

居民人均消费支出 指住户在调查期间内用于满足家庭日常生活消费需要的全部支出，包括用于消费品的支出和用于服务性消费的支出，除以家庭常住人口得到的人均支出。根据用途不同，消费支出可划分为食品烟酒、衣着、居住、生活用品及服务、交通通信、教育文化娱乐、医疗保健、其他用品及服务八大类。根据来源不同，消费支出可划分为现金消费支出、实物消费支出（含自产自用、来自单位、来自政府和其他社会组织）。按常住地分， 得到城镇和农村居民消费支出。

Explanatory Notes on Main Statistical Indicators

Household Household means a group of people who live in a dwelling and share living expenses or income. Everyone who live in a same room, but do not share living expenses is considered as a household. Live-in nanny and home domestic workers are considered as separate households. Depending on the state of residence, it can be divided into family households and collective households.

Permanent Member Permanent member refers to a household member, who often lives at home, stay for more than half during the period of survey, and students households support. Permanent members of the quarterly survey are including: ① household members who have lived more than 1.5 months in the past three months, or intend to live for more than 1.5 months in the next three months. ② people who have lived in the investigated house at least one day every month in the past three months, and had not lived in a other owned or rented ordinary residence alone. In other words, people who live outside with others, or live in the shed, dormitories, temporary shelter for work or others, and also regularly return home to live, are also permanent members of the household. ③ Students at school (including college students, undergraduates and graduates) who are supported by households. Permanent members are respondent of income and expenditure of households

Per Capita Disposable Income of the Household Per capita disposable income of the household refers to the actual income of the households, which obtained by suvery households during the survey period, and can be used for final consumption expenditure and savings according to the survey on household income and expenditure and living Conditions, that is the income which is can be dominated by suvery household freely, dividing per capita income obtained by the resident households. Disposable income includes both cash and in kind income. Divided by source of income, disposable income contains four items, consistingof wage income, net business income, net property income, net transferred income. Divided by permanent place of residence, disposable income includes disposable income of urban household and disposable income of rural household.

The formula is:

Disposable Income = Wage Income + Net Business Income + Net Property Income + Net Transferred Income

Where:

Net Business Income = Business Income - Business Expenditure - Depreciation of Fixed Assets for Production - Taxes on Production

Net Property Income = Property Income - Property Expenditure

Net Transferred Income = Transferred Income - Transferred Expenditure

Per Capita Consumption Expenditure of Household refers to all expenditure which households used to meet needs of all the daily household consumption during the period of survey, including expenditure on consumer goods and services consumption, dividing per capita expenditure obtained by permanent households. Divided by function, consumption expenditure contains eight categories, consisting of food alcohol and tobacco, clothing, housing, supplies and services, transportation and communications, education, culture and entertainment, health care, other supplies and services. Divided by permanent place of residence, consumption expenditure includes consumption expenditure of urban household and consumption expenditure of rural household.

价格调查

Chapter 2

Price Survey

简要说明

一、本篇资料的主要内容

本篇价格指数资料，反映生产、流通、消费与投资等环节的价格变动趋势和变动幅度。主要包括居民消费价格指数、商品零售价格指数、农业生产资料价格指数、农产品生产价格指数、工业生产者出厂价格指数、工业生产者购进价格指数、固定资产投资价格指数等。

二、本篇的资料来源

价格指数编制由国家统计局组织实施，国家统计局各调查总队及抽中市、县调查队依据国家统计局统一制定的价格统计调查制度从基层采集原始数据汇总后上报。

三、居民消费、商品零售价格调查

编制居民消费、商品零售价格指数的资料采用抽样调查和重点调查相结合的方法取得，即在全国选择不同经济区域和分布合理的地区，以及有代表性的商品作为样本，对其市场价格进行定期调查。编制过程按下列几个步骤进行:

1. 选择调查地区和调查点。调查地区按照经济区域和地区分布合理等原则，选出具有代表性的大、中、小城市和县作为国家的调查地区，在此基础上选定经营规模大、商品种类多的商场(包括集市和服务网点)作为调查点。

2. 选择代表规格品。代表规格品是选择消费量大、价格变动有代表性的商品；代表规格品的确定是根据商品零售资料和全国城镇、农村住户调查户的消费支出记账资料，按照有关规定筛选的。筛选原则: (1)与社会生产和人民生活关系密切; (2)消费(销售)数量(金额)大；(3)市场供应稳定；(4)价格变动趋势有代表性；(5)所选的代表规格品之间差异大。

目前，居民消费价格调查按用途划分为8大类，262个基本分类，各城市每月调查600种以上的规格品价格；商品零售价格按用途划分为16个大类，229个基本分类，各地每月调查500种以上的规格品价格。

3. 居民消费价格调查方式。主要方法是定人、定点、定时应用手持电子采价器直接调查。

4. 权数的确定。商品零售价格指数的权数主要根据社会商品零售额资料确定;居民消费价格指数的权数主要根据城乡居民家庭消费支出构成确定。

四、工业生产者价格调查

工业生产者价格包括工业企业产品第一次出售时的出厂价格和企业作为中间投入的原材料、燃料、动力购进价格（下简称工业生产者购进价格）。该项调查采用重点调查与典型调查相结合的调查方法。重点调查对象为年主营业务收入2000万元及以上的工业法人企业;典型调查对象为年主营业务收入2000万元以下的工业法人企业。

1. 选择代表企业的原则: (1)按工业行业选择调查企业，各中类行业原则上都要有调查企业；(2)大型企业应尽量都选上(或占相当大比重)；(3)选择生产正常、稳定的企业作为调查对象。

2. 选择代表产品的原则: (1)按工业行业选择代表产品；(2)选择对国计民生影响大的产品；(3)选择生产较为稳定的产品；(4)选择有发展前景的产品；(5)选择具有地方特色的产品。

目前《工业生产者出厂价格调查目录》包括41工业行业大类，201个中类，581个小类，20000多种产品，并将其划分为1638个基本分类；《工业生产者购进价格调查目录》包括10000多种产品，并划分为981个基本分类。

3. 价格调查方式。采用企业联网直报表形式，每月数万家工业企业上报数据资料。

4. 权数的确定。工业生产者出厂价格统计中，工业小类及小类以上的权数资料来源于工业统计中分行业工业销售产值数据资料；基本分类的权数资料来源于独立的工业企业产品权数调查。权数一般五年更换一次。

五、固定资产投资价格调查

固定资产投资价格调查采用重点调查与典型调查相结合的方法。固定资产投资价格调查所涉及的价格是构成固定资产投资额实体的实际购进价格或结算价格。调查的内容包括构成当年建筑工程实体的钢材、木材、水泥、地方材料(如砖、瓦、灰、沙、石等)、化工材料(如油漆等)等主要建筑材料价格；作为活劳动投入的劳动力价格（单位工资）和建筑机械使用费用；设备工器具购置和其他费用投资价格。

固定资产投资价格调查样本的选择遵循以下原则:

1. 选择建筑安装工程调查点的原则:(1)样本单位应具有一定覆盖面；(2)投资经济活动代表性强；(3)兼顾不同经济类型；(4)选择重点工程；(5)兼顾国民经济各门类及不同工程类别。

2. 选择其他费用调查点的原则：在选择其他费用调查点时，所遵循的原则与建筑安装工程调查点的原则基本相同，特别是要注意选择那些投资额大的工程。但由于其他费用不易取得，所以在实际操作过程中，应同时在建设单位、施工单位开展重点调查，并辅以典型调查(从管理部门取得资料)。

3. 价格调查方式。采用企业报表和调查员走访相结合的方式。

4. 权数的确定。固定资产投资价格指数的计算权数是建筑安装工程、设备工器具购置和其他费用三者前三年投资完成额的平均比重。

六、农产品生产者价格调查

农产品生产者价格是农产品生产者直接出售其产品时实际获得的单位产品价格。农产品生产价格者调查采用抽样调查和重点调查相结合的方法。内容包括被调查单位生产并出售的主要农产品。农产品代表产品的选择涵盖农、林、牧、渔四大类、各中类以及90%以上的小类，一般是生产量和销售量大的对国计民生影响大、稳定性强的产品，具有发展前景的新产品和具有地方特色的产品。代表品一般稳定五年。调查周期为季度，汇总方法采取加权算术平均法。

Brief Introduction

I. Main Content

Price indexes in this chapter reflect the trend and rate of changes in prices of production, circulation, consumption and investment, mainly consisting of consumer price index (CPI), retail price index (RPI), price index for means of agricultural production, producer price index for agricultural products, ex-factory price index for industrial products, purchasing price index for industrial products, and price index for investment in fixed assets, etc.

II. Source of Data

Compilation of statistics on price indices is organized and implemented by National Bureau of Statistics, Survey Offices of NBS and of elected cities and countries collect data from the grassroots units in accordance with the scheme of price survey system stipulated by the NBS, tabulate them and report them to the higher agencies.

III. Survey on Consumer Price Index and Retail Price Index

Data for compilation of the consumer price index and retail price index are collected through a combination of sample surveys and surveys of key units. That is, different economic regions and the regions with reasonable distribution in the country are selected as sample areas, and representative commodities are selected as the sample commodities, and regular surveys are conducted to collect data on their market prices. The process is described as the following steps.

1. The Selection of Survey Areas and Survey Sites. Selecting representative large, medium and small cities and counties as survey areas in accordance with principles of rational economic areas distribution, then selecting epartment stores (including markets and service outlets) of large-scale operation and large types of goods as survey site.

2. The selection of representative commodities. Representative commodities are commodities which have big quantity of consumption and price changes are representative; by relevant provisions, representative commodities are selected based on retail data and accounting data of consumption and expenditure of urban and rural households in the country. Principles for selection: (a) close relations with social production and people's lives; (b) large quantity(amount) of consumption(sales); (c) the stable market supply; (d) strongly representative trend of price changes; (e) big difference between selected representative commodities.

At present, data are collected on over 600 specifications each month under 262 basic headings in 8 categories in the consumer price surveys. For the retail price surveys, data are collected on more than 500 specifications each month under 229 basic headings in 16 categories.

3. Method of data collection of consumer price. Price data are collected using handheld electronic devices for collecting price through direct surveys by designated personnel at designated sites on periodic basis.

4. Determination of the weights. The weights of the retail price indices are determined mainly according to the total retail sales of commodities; the weights of the consumer price indices are determined according to the composition of the consumption expenditures of urban and rural households.

IV. Survey on Producer Price Indices for Industrial Products

The producer price index for industrial products refers to the ex-factory price of manufactured goods when they are sold for the first time. The survey program is a combination of the key units' survey and typical units' survey methods. Key units refer to those industrial enterprises with annual revenue from primary activities at and above 20 million yuan. Typical units refer to the industrial enterprises with annual revenue from the primary activities below 20 million yuan.

1. Principles for selecting the representative enterprises: (a) Enterprises to be covered in the survey are selected by industrial sectors. In principle, every branch should have enterprises selected; (b) All (or a majority of) large-sized enterprises should be selected;

(c) Enterprises selected should be those with normal and stable production.

2. Principles for selecting representative goods: (a) Representative goods are be selected by industrial sectors; (b) The selected goods should have significant impact on the national economy and people's livelihood: (c) The production of the goods selected should be relatively more stable; (d) The prospects of the goods selected should be promising; (e) The products selected shall represent the localities.

The *Survey Catalog of Producer Price for Industrial Products* includes over 11000 goods, and they are divided into 1702 basic classification; Survey *Catalog of Purchaing Price for Industrial Producers* includes over 6000 goods, and they are divided into 900 basic classification.

3. Method of price survey. The method of reporting forms by Enterprises is adopted. There are about 60000 industrial enterprises which should report the price data every month.

4. Determination of the weights. In statistics of producer price indices for industrial products, the weight of industrial small classification and above comes from the output value of industrial sales by sector in industrial statistics; the weight of basic headings of categories comes from weight、survey of independent industrial enterprise products. The weights are replaced every five years.

V. Survey on Price Index for Investment in Fixed Assets

A combined method of key survey and typical survey is used for the collection of data on prices of investment in fixed assets. The prices collected in the surveys of investment in fixed assets are the actual purchasing prices or settlement prices of entities of investment in fixed assets. The survey content includes the prices of main construction materials that constitute the architectural engineering entities in the year, such as steel, timber, cement, local construction materials(such as brick, tile, calcareous ashes, sand, stone, etc), chemical materials(such as oil paint, etc) in construction projects; prices of labor input (wages) and costs of use of construction machines; purchasing price of equipment, tools and devices as well as other expenditures.

The following principles should be followed in selecting the sample for the price survey of investment in fixed assets:

1. Principles for selecting survey sites of construction and installation projects: (a) The sample unit shall have certain coverage; (b) The economic activity of investment should have strong representativeness; (c) Different types of registration should be considered; (d) Key projects shall be selected; (e) Attention should be given to various sectors of the national economy and types of projects.

2. Principles for selecting survey sites of other expenditures: in the selection of survey sites of other expenditures, the same principles shall be followed as in the selection of survey sites of building and installation projects. Especially projects with larger amount of investment shall be selected. Since it is not easy to obtain data on other expenditures, during the actual data operations, survey on key builders and construction units is to be conducted concurrently with survey on typical units (with information from administration units).

3. Method of price survey. A combination of enterprises reporting system and enumerator visits method.

4. Determination of weights. The weights for calculating the price indices for investment in fixed assets are determined according to the average proportion of investment amount of construction and installation projects, purchase of equipment, tools and instruments and other expenditures completed in the previous three years.

VI. Survey on Price Index for Agricultural Products

Price Index for Farm Products refers to the actual price per unit through directly selling their products by producers of farm products. The survey program of Price Index for Farm Products is a combined use of sampling survey and typical units' survey. It covers main farm products produced and sold by the units surveyed. Representative farm products include those in Agriculture, Forestry, Animal Husbandry and Fishery,90% of small classification in medium-sized classification. The products are generally with large production and sales, having great impact on the national economy and people's living conditions, with strong stability, with promising to new products and with local characters. Representative products are for 5 years. The survey is conducted quarterly, and the summary method is the weighted arithmetic mean.

2-1 1978-2016年各种价格总指数
PRICE INDICES (1978-2016)

(上年价格=100) (preceding year=100)

年 份 Year	居民消费价格指数 Consumer Price Index	城市居民消费价格指数 Urban Household	农村居民消费价格指数 Rural Household	商品零售价格指数 Retail Price Index	城市商品零售价格指数 Urban	农村商品零售价格指数 Rural	农业生产资料价格指数 Price Index for Means of Agricultural Production	工业生产者出厂价格指数 Ex-factory Price Index for Industrial Products	工业生产者购进价格指数 Purchasing Price Index for Industrial Producers	固定资产投资价格指数 Price Index for Investment in Fixed Assets
1978	100.2	100.0	100.3	100.1	100.0	100.2	100.0			
1981	101.2	100.8	101.3	101.2	100.8	101.4	102.0			
1982	101.8	101.7	101.8	101.9	101.8	101.9	102.4			
1983	101.0	100.6	101.1	101.0	100.5	101.5	102.8			
1984	101.9	102.6	101.4	102.7	102.4	103.0	106.0			
1985	108.2	111.9	105.7	108.0	112.7	104.9	103.8			
1986	106.1	104.8	106.4	105.0	104.6	105.3	102.4			
1987	107.0	107.4	106.6	106.6	107.3	106.1	105.5			
1988	119.8	121.1	118.8	119.6	122.5	118.0	113.9			
1989	118.6	117.9	119.0	119.3	118.5	119.6	120.4			
1990	102.8	101.6	103.4	102.1	100.2	102.9	103.5			
1991	103.1	103.8	102.7	103.7	103.1	103.9	109.4	106.3	108.2	112.1
1992	108.9	110.4	108.8	107.7	109.0	107.4	105.2	103.8	111.9	117.6
1993	121.3	118.8	123.3	118.9	116.3	120.2	121.4	125.0	138.1	135.4
1994	119.2	117.3	119.9	115.8	113.8	117.4	114.6	116.7	110.3	107.8
1995	121.3	120.3	121.8	118.1	116.3	120.1	125.5	110.2	113.2	104.0
1996	108.7	108.2	108.8	106.6	105.0	108.4	113.3	101.3	111.3	104.3
1997	104.3	104.6	103.9	102.3	101.6	103.2	102.4	100.7	103.1	105.4
1998	101.7	102.4	101.1	99.2	98.8	99.6	96.5	96.9	100.7	101.8
1999	99.7	98.8	100.7	98.3	97.4	99.3	98.7	98.2	98.8	100.7
2000	97.9	97.6	98.4	97.6	97.0	98.4	98.9	101.2	101.5	101.6
2001	99.1	98.1	100.6	98.4	98.0	98.7	96.6	99.9	99.4	101.0
2002	99.8	99.3	100.5	98.1	97.5	98.9	100.4	98.2	97.6	100.0
2003	101.2	101.3	101.0	99.9	100.5	99.3	101.9	101.4	102.7	102.2
2004	106.0	106.1	105.9	104.7	104.5	105.0	106.3	108.8	109.6	108.0
2005	101.4	101.7	101.0	100.1	100.4	99.8	105.9	104.5	106.5	104.6
2006	101.9	101.9	101.8	100.8	100.0	101.7	102.8	104.6	107.6	101.8
2007	105.9	105.9	105.9	104.4	103.8	105.1	107.0	105.7	108.2	104.2
2008	105.7	105.4	106.0	106.1	105.3	107.0	116.6	105.8	111.6	107.4
2009	100.4	100.5	100.2	100.1	99.9	100.4	99.3	91.5	95.0	98.1
2010	103.7	103.8	103.6	103.6	103.5	103.7	101.4	108.8	109.0	102.7
2011	104.9	104.8	104.9	105.1	104.9	105.3	108.3	104.7	108.0	104.6
2012	102.7	103.0	102.3	102.4	102.3	102.5	104.6	97.9	99.3	101.4
2013	103.1	103.4	102.7	102.6	102.3	103.0	100.1	97.5	98.8	101.1
2014	102.4	102.6	101.9	101.6	101.6	101.7	98.4	97.8	99.0	101.0
2015	101.9	102.2	101.3	100.8	100.9	100.6	101.1	94.9	96.9	99.1
2016	101.5	101.4	101.7	100.7	100.6	101.2	102.8	97.6	95.9	100.1

2-2 1979-2016年各种价格定基指数
FIXED-BASE PRICE INDICES (1979-2016)

(1978年价格=100) (price in 1978=100)

年 份 Year	居民消费价格指数 Consumer Price Index	城市居民消费价格指数 Urban Household	农村居民消费价格指数 Rural Household	商品零售价格指数 Retail Price Index	城市商品零售价格指数 Urban	农村商品零售价格指数 Rural	农业生产资料价格指数 Price Index for Means of Agricultural Production
1979	101.1	100.8	101.2	100.7	100.8	100.5	98.3
1983	110.1	112.4	109.4	110.9	113.0	109.0	104.6
1984	112.2	115.3	110.9	113.9	115.7	112.3	110.7
1985	121.4	129.0	117.3	123.0	130.4	117.8	115.1
1986	128.8	135.2	124.8	129.2	136.4	124.0	117.8
1987	137.9	145.2	133.0	137.7	146.4	131.6	124.3
1988	165.2	175.9	158.0	164.7	179.3	155.3	141.6
1989	195.9	207.3	188.0	196.5	212.5	185.7	170.5
1990	201.4	210.6	194.4	200.6	212.9	191.1	176.5
1991	207.6	218.7	199.7	208.0	219.5	198.6	193.0
1992	226.1	241.4	217.3	224.1	239.2	213.3	203.1
1993	274.2	286.8	267.9	266.4	278.2	256.4	246.5
1994	326.9	336.4	321.2	308.5	316.6	301.0	282.5
1995	396.5	404.7	391.2	364.3	368.3	361.5	354.6
1996	431.0	438.3	425.6	388.2	386.7	391.8	401.7
1997	449.6	458.0	442.2	397.3	392.9	404.4	411.4
1998	457.2	469.0	447.1	394.1	388.1	402.7	397.0
1999	455.8	463.4	450.2	387.4	378.1	399.9	391.8
2000	446.3	452.2	443.0	378.1	366.7	393.5	387.5
2001	444.5	443.7	445.7	372.1	359.4	388.4	374.3
2002	443.6	440.5	447.9	365.0	350.4	384.1	375.8
2003	448.9	446.3	452.4	364.6	352.1	381.4	383.0
2004	475.9	473.5	479.1	381.8	368.0	400.5	407.1
2005	482.5	481.5	483.9	382.2	369.5	399.7	431.1
2006	491.7	490.7	492.6	385.2	369.5	406.5	443.2
2007	520.7	519.6	521.6	402.2	383.5	427.2	474.2
2008	550.4	547.7	552.9	426.7	403.8	457.1	552.9
2009	552.6	550.4	554.0	427.1	403.4	458.9	549.0
2010	573.0	571.3	573.9	442.5	417.5	475.9	556.7
2011	601.1	598.7	602.0	465.1	438.0	501.1	602.9
2012	616.4	616.7	615.8	476.3	448.1	513.6	630.6
2013	635.5	637.7	632.4	488.7	458.4	529.0	631.2
2014	650.8	654.3	644.4	496.5	465.7	538.0	621.1
2015	663.2	668.7	652.8	500.5	469.9	541.2	627.9
2016	673.1	678.1	663.9	504.0	472.7	547.7	645.5

2-3 2013-2016年商品零售价格分类指数
RETAIL PRICES INDICES (2013-2016)

(上年价格=100) (preceding year=100)

项 目	Item	2013	2014	2015	2016
商品零售价格指数	**Retail Price Index**	**102.6**	**101.6**	**100.8**	**100.7**
食品类	Foods	105.3	104.8	103.1	103.8
粮食	Grain	102.4	103.0	101.6	100.2
油脂类	Oil and Fats	100.3	94.7	96.5	
肉禽及其制品	Meat, Poultry and Processed Products	103.6	100.8	104.4	
蛋	Eggs	106.0	106.4	101.0	98.2
水产品	Aquatic Products	103.1	105.6	101.7	102.3
菜	Vegetables	107.1	108.4	103.5	108.1
干鲜瓜果	Dried and Fresh Melons and Fruits	107.8	113.0	101.1	96.8
其他食品	Other Foods	103.6	103.8	102.9	101.7
饮料、烟酒类	Beverages, Tobacco and Liquor	102.4	100.2	102.3	101.9
茶及饮料	Tea and Beverages	107.3	99.0	100.7	100.2
烟草	Tobacco	100.3	100.1	104.5	102.6
酒	Liquor	101.5	101.3	100.1	100.8
服装、鞋帽类	Garments, Shoes and Hats	101.0	100.5	102.2	100.0
服装	Garments	102.7	100.8	102.6	99.6
纺织品类	Textilex	102.0	99.1	101.6	99.8
家用电器及音响器材类	Household Appliances, Music and Video Equipments	99.5	98.9	99.1	98.3
文化办公用品类	Cultural and Office Appliances	100.3	99.5	99.5	98.9
日用品类	Articles for Daily Use	101.1	100.1	101.5	101.4
体育娱乐用品类	Sports and Recreation Articles	100.8	100.1	100.9	99.0
交通、通信用品类	Transportation and Communication Appliances	98.0	99.6	99.3	99.2
家具类	Furniture	100.5	100.4	100.2	99.9
化妆品类	Cosmetics	100.7	101.3	101.2	102.5
金银珠宝类	Gold, Silver and Jewellery	90.5	88.8	94.5	
中西药品及医疗保健用品类	Traditional Chinese and Western Medicines and Health Care Articles	104.8	101.0	103.6	103.3
书报杂志及电子出版物类	Books, Newspapers, Magazines and Electronic Publications	99.4	100.9	101.8	100.1
燃料类	Fuels	103.9	101.0	90.0	96.1
建筑材料及五金电料类	Building Materials and Hardware	101.3	100.7	99.3	99.8

2-4 商品零售价格分类指数(2016年)
RETAIL PRICES INDICES (2016)

(上年价格=100) (preceding year=100)

项目	Item	全省 Total	城市 Urban	农村 Rural
商品零售价格指数	**Retail Price Index**	**100.7**	**100.6**	**101.2**
食品类	Foods	103.8	103.7	104.0
粮食	Grain	100.2	100.0	101.2
蛋	Eggs	98.2	97.8	100.8
水产品	Aquatic Products	102.3	101.9	104.2
菜	Vegetables	108.1	108.4	105.7
调味品	Flavoring	100.4	100.5	100.2
糖	Sugar	101.8	101.9	101.5
干鲜瓜果	Dried and Fresh Melons and Fruits	96.8	96.3	99.7
其他食品	Other Foods	101.7	102.4	99.6
饮料、烟酒类	Beverages, Tobacco and Liquor	101.9	101.9	101.7
茶及饮料	Tea and Beverages	100.2	100.1	101.0
烟草	Tobacco	102.6	102.6	102.1
酒	Liquor	100.8	100.8	100.7
服装、鞋帽类	Garments, Shoes and Hats	100.0	99.8	101.3
服装	Garments	99.6	99.3	101.7
纺织品类	Textilex	99.8	99.9	99.3
家用电器及音响器材类	Household Appliances, Music and Video Equipments	98.3	98.3	97.9
文化办公用品类	Cultural and Office Appliances	98.9	98.8	100.1
日用品类	Articles for Daily Use	101.4	101.5	101.2
体育娱乐用品类	Sports and Recreation Articles	99.0	98.9	99.9
交通、通信用品类	Transportation and Communication Appliances	99.2	99.1	100.0
家具类	Furniture	99.9	99.9	99.7
化妆品类	Cosmetics	102.5	102.7	100.7
中西药品及医疗保健用品类	Traditional Chinese and Western Medicines and Health Care Articles	103.3	103.1	104.9
书报杂志及电子出版物类	Books, Newspapers, Magazines and Electronic Publications	100.1	100.1	100.2
燃料类	Fuels	96.1	95.8	98.0
建筑材料及五金电料类	Building Materials and Hardware	99.8	99.7	100.2

2-5 居民消费价格分类指数(2016年)
CONSUMER PRICE INDICES (2016)

(上年价格=100) (preceding year=100)

项　　目	Item	全省 Total	城市 Urban	农村 Rural
居民消费价格指数	**Consumer Price Index**	**101.5**	**101.4**	**101.7**
其中：食品	Where: Food	104.3	104.2	104.5
非食品	Non-food	100.8	100.8	100.9
其中：服务项目	Where: Service Items	101.8	101.9	101.6
消费品	Consumer Goods	101.4	101.2	101.7
食品烟酒	Foods, Alcohol and Tobacco	103.5	103.4	103.7
食品	Food	104.3	104.2	104.5
粮食	Grain	100.3	100.3	100.4
食用油	Oil and Fats	104.4	105.2	103.0
菜	Vegetables	106.9	107.4	105.9
鲜菜	Fresh Vegetables	107.3	107.8	106.3
畜肉类	Meat	110.8	110.9	110.5
猪肉	Pork	115.6	116.1	114.9
牛肉	Beef	101.4	102.0	100.3
羊肉	Mutton	98.2	97.9	98.5
禽肉类	Moultry	101.5	100.9	102.6
蛋类	Eggs	99.2	98.5	100.3
奶类	Milk	99.6	99.4	99.9
茶及饮料	Tea and Beverages	100.2	99.9	100.7
烟酒	Alcohol and Tobacco	101.9	102.0	101.8
在外餐饮	Restaurant	102.3	102.2	102.7
衣着	Clothing	100.2	99.8	100.9
服装	Garments	100.0	99.4	101.3
服装材料	Clothing Materials	100.4	100.4	100.3

2-5 续表 Continued

(上年价格=100) (preceding year=100)

项　　目	Item	全省 Total	城市 Urban	农村 Rural
其他衣着及配件	Other Clothing and Accessories	99.9	99.6	100.5
衣着加工服务费	Clothing Manufacturing Service Fees	104.5	105.8	100.3
鞋类	Shoes	100.6	100.9	100.0
居住	Residence	101.2	101.5	100.6
租赁房房租	House Rent	101.9	102.2	100.9
住房保养维修及管理	Household Maintenance and Management	100.6	100.7	100.5
水电燃料	Water, Electricity and Fuels	97.7	97.7	97.8
自有住房	Private Housing	102.8	103.3	101.8
生活用品及服务	Supplies and Services	100.0	100.0	100.0
家具及室内装饰品	Furniture and Interior Decoration	99.7	99.6	99.7
家用器具	Household Appliances	98.8	98.3	99.4
家用纺织品	Household Textiles	99.6	99.8	99.4
家庭日用杂品	Household Articles for Daily Use	100.3	100.1	100.7
个人护理用品	Personal Care Products	101.3	101.5	100.6
交通和通信	Transportation and Communications	99.3	99.4	99.2
交通	Transportation	99.3	99.5	98.8
通信	Communications	99.5	99.3	99.8
教育文化和娱乐	Education, Culture and Recreation	100.7	100.5	101.1
教育	Education	102.0	101.7	102.4
文化娱乐	Cultural and Recreational Articles	99.1	99.3	98.6
医疗保健	Health Care	102.4	101.8	103.3
药品及医疗器具	Medicines and Medical Instruments	104.0	103.6	104.8
医疗服务	Healthcare Services	101.1	100.4	102.2
其他用品和服务	Other Goods and Services	101.3	101.7	100.2

2-6 工业生产者出厂价格分类指数(2016年)
EX-FACTORY PRICE INDICES FOR INDUSTRIAL PRODUCTS (2016)

(上年价格=100) (preceding year=100)

类　　别	Item	2016
全部工业品	**Total Industry Products**	**97.6**
其中：轻工业	Where: Light Industry	100.1
重工业	Heavy Industry	96.6
其中:生产资料	Where: Capital Goods	96.6
采掘	Excavation	95.4
原料	Raw Materials	96.1
加工	Processing	97.5
生活资料	Consumer Goods	100.2
食品	Food	100.4
衣着	Clothing	98.8
一般日用品	Articles for Daily Use	97.9
耐用消费品	Durable Consumer Goods	100.8
其中：初级产品	Where: Primary Products	95.4
中间产品	Intermediate Products	97.6
最终产品	Final Products	98.7
按部门分	By Sector	
冶金工业	Metallurgical Industry	97.8
电力工业	Power Industry	98.3
煤炭及炼焦工业	Coal and Coking Industry	87.4
石油工业	Petroleum Industry	91.8
化学工业	Chemical Industry	96.7
机械工业	Machine Manufacturing Industry	99.9
建筑材料工业	Building Materials Industry	98.4
森林工业	Timber Industry	97.9
食品工业	Food Industry	100.2
纺织行业	Textile Industry	100.2
缝纫工业	Tailoring Industry	99.1

2-6 续表 1 Continued

(上年价格=100) (preceding year=100)

类　　别	Item	2016
皮革工业	Leather Industry	
造纸工业	Paper Industry	98.4
文教艺术用品工业	Cultural, Educational & Handicrafts Articles	98.7
其他工业	Other Industry	98.6
按工业行业大、中、小类分(新行业)	By Size of Industry	
煤炭开采和洗选业	Mining and Washing of Coal	83.4
烟煤和无烟煤开采洗选	Mining and Washing of Bituminous Coal and Anthracitic Coal	81.9
褐煤开采洗选	Mining and Washing of Lignitic Coal	96.6
黑色金属矿采选业	Mining and Processing of Ferrous Metal Ores	93.1
铁矿采选	Mining and Processing of Iron Ores	93.0
锰矿、铬矿采选	Mining and Processing ofManganese Ore and Chrome Ore	99.1
有色金属矿采选业	Mining and Processing of Non-Ferrous Metal Ores	96.3
常用有色金属矿采选	Commom Mining and Processing of Non-Ferrous Metal Ores	95.1
铜矿采选	Mining and Processing of Coppermine	94.4
铅锌矿采选	Mining and Processing of Lead Zinc Ore	96.7
锡矿采选	Mining and Processing of Tin Ore	90.4
其他常用有色金属矿采选	Other Commom Mining and Processing of Non-Ferrous Metal Ores	92.8
贵金属矿采选	Mining and Processing of Precious Metals	103.7
金矿采选	Mining and Processing of Gold Mine	104.2
银矿采选	Mining and Processing of Silver Ore	100.7
稀有稀土金属矿采选	Mining and Processing of Rare Metals	90.1
钨钼矿采选	Mining and Processing of Tungsten and Molybdenum Ores	90.1
非金属矿采选业	Mining and Processing of Non-metal Ores	94.7
土砂石开采	Mining and Processing of Soil and gravel	98.7
石灰石、石膏开采	Limestone, Gypsum Mining	98.7
化学矿开采	Chemical Ore Mining	91.5
采盐	Salt Mining	105.4

2-6 续表 2 Continued

(上年价格=100) (preceding year=100)

类　　别	Item	2016
农副食品加工业	Processing of Food from Agricultural Products	101.8
谷物磨制	Grain Grinding	101.2
饲料加工	Feed Processing	97.6
植物油加工	Vegetable Oil Processing	103.9
食用植物油加工	Edible Vegetable Oil Processing	102.2
非食用植物油加工	Inedible Vegetable Oil Processing	109.8
制糖业	Sugar Manufacturing	106.6
屠宰及肉类加工	Slaughtering and Meat Processing	106.3
牲畜屠宰	Slaughtering of Animals	109.6
肉制品及副产品加工	Meat and By-products Processing	101.6
水产品加工	Aquatic Products Processing	104.3
水产品冷冻加工	Frozen Aquatic Products Processing	104.3
蔬菜、水果和坚果加工	Vegetables, Fruits and Nuts Processing	99.0
蔬菜加工	Vegetables Processing	100.1
水果和坚果加工	Fruits and Nuts Processing	96.4
其他农副食品加工	Other Processing of Food from Agricultural Products	101.0
淀粉及淀粉制品制造	Starch and Processed Manufacturing	100.7
豆制品制造	Soy Products Manufacturing	98.7
其他未列明农副食品加工	other Unlisted Processing of Food from Agricultural Products	101.6
食品制造业	Manufacture of Foods	97.2
焙烤食品制造	Baked Goods Manufacturing	103.8
糕点、面包制造	Cakes, Bread Manufacturing	103.2
饼干及其他焙烤食品制造	Biscuits and Other Baked Goods Manufacturing	105.5
糖果、巧克力及蜜饯制造	Candy, Chocolate and Candied Fruit Manufacturing	100.2
蜜饯制作	Candied Fruit Manufacturing	100.2
方便食品制造	Convenience Food Manufacturing	104.3
米、面制品制造	Rice, Flour Products Manufacturing	107.3
方便面及其他方便食品制造	Instant Noodles and Other Processed Manufacturing	103.1

2-6 续表 3 Continued

(上年价格=100) (preceding year=100)

类　　别	Item	2016
乳制品制造	Dairy products Manufacturing	98.2
罐头食品制造	Canned Food Manufacturing	98.4
肉、禽类罐头制造	Meat, Poultry Canning Manufacturing	98.4
调味品、发酵制品制造	Seasoning, Fermentation Products Manufacturing	94.0
酱油、食醋及类似制品制造	Soy Sauce, Vinegar and Similar Products Manufacturing	98.8
其他调味品、发酵制品制造	Other Condiments, Fermentation Products Manufacturing	93.9
其他食品制造	Other Food Manufacturing	91.3
营养食品制造	Nutritional Food Manufacturing	96.9
保健食品制造	Health Food Manufacturing	88.8
食品及饲料添加剂制造	Food and Feed Additives Manufacturing	91.2
酒、饮料和精制茶制造业	Manufacture of Liquor, Beverages and Refined Tea	99.8
酒的制造	Wine Manufacturing	100.8
酒精制造	Alcohol Manufacturing	96.6
白酒制造	Liquor Manufacturing	98.5
啤酒制造	Beer Manufacturing	102.3
黄酒制造	Yellow Wine Manufacturing	101.0
葡萄酒制造	Wine Manufacturing	100.0
其他酒制造	Other Wine Manufacturing	100.0
饮料制造	Beverage Manufacturing	98.7
碳酸饮料制造	Carbonated Beverage Manufacturing	110.8
瓶(罐)装饮用水制造	Bottled (canned) Drinking Water Manufacturing	98.5
果菜汁及果菜汁饮料制造	Vegetable Juice and Vegetable Juice Beverage Manufacturing	96.6
含乳饮料和植物蛋白饮料制造	Milk Beverage and Vegetable Protein Beverage Manufacturing	100.7
固体饮料制造	Solid Beverage Manufacturing	91.0
茶饮料及其他饮料制造	Tea and Other Beverages Manufacturing	97.5
精制茶加工	Refined Tea Processing	99.7
烟草制品业	Manufacture of Tobacco	100.0
烟叶复烤	Tobacco Redrying	100.3

2-6 续表 4 Continued

(上年价格=100)

类　　别	Item	2016
卷烟制造	Cigarette Manufacturing	100.0
其他烟草制品制造	Other Tobacco Products Manufacturing	99.1
纺织业	Manufacture of Textile	100.2
棉纺织及印染精加工	Textile and Dyeing and Finishing	96.3
棉纺纱加工	Cotton Spinning	95.8
棉织造加工	Cotton Weaving Processing	95.4
棉印染精加工	Cotton Dyeing and Finishing	96.8
麻纺织及染整精加工	Hemp Textile and Dyeing Finishing	92.1
麻纤维纺前加工和纺纱	Processing Before Hemp textile Spinning and Spinning	92.1
丝绢纺织及印染精加工	Silk Textile and Dyeing and Finishing	102.0
缫丝加工	Reeling Processing	102.0
绢纺和丝织加工	Silk and Silk Processing	100.9
纺织服装、服饰业	Manufacture of Textile, Wearing Apparel and Accessories	99.1
机织服装制造	Woven Garment Manufacturing	99.0
针织或钩针编织服装制造	Knitting or Crochet Clothing Manufacturing	101.0
皮革、毛皮、羽毛及其制品和制鞋业	Manufacture of Leather, Fur, Feather and Related Products and Footware	97.2
制鞋业	Manufacture of Footwear	97.2
橡胶鞋制造	Rubber Footwear Manufacturing	97.2
木材加工和木、竹、藤、棕、草制品业	Processing of Timber, Manufacture of Wood, Bamboo, Rattan, Palm and Straw Products	97.9
木材加工	Woodworking	100.5
锯材加工	Lumber Processing	100.5
单板加工	Veneer processing	100.0
人造板制造	Wood-based Panels Manufacturing	97.3
胶合板制造	Plywood Manufacturing	97.0
纤维板制造	Fiberboard Manufacturing	97.5
其他人造板制造	Other Artificial Board Manufacturing	97.8
木制品制造	Wood Products Manufacturing	97.0

2-6 续表 5 Continued

(上年价格=100) (preceding year=100)

类　　别	Item	2016
木门窗、楼梯制造	Wooden Doors and Windows, Staircase Manufacturing	109.1
地板制造	Flooring Manufacturer	95.4
家具制造业	Manufacture of Furniture	100.0
其他家具制造	Other Furniture Manufacturing	100.0
造纸和纸制品业	Manufacture of Paper and Paper Products	98.4
纸浆制造	Pulp Manufacturing	86.7
木竹浆制造	Wood Bamboo Manufacturing	86.7
造纸	Papermaking	99.8
机制纸及纸板制造	Paperboard Manufacturing	99.5
加工纸制造	Converted Paper Manufacturing	101.3
纸制品制造	Paper Products Manufacturing	100.8
纸和纸板容器制造	Paper and Cardboard Container Manufacturing	101.3
其他纸制品制造	Other Paper Products Manufacturing	99.9
印刷和记录媒介复制业	Printing and Reproduction of Recording Media	98.7
印刷	Printing	98.6
书、报刊印刷	Books, Newspapers and Printing	98.7
包装装潢及其他印刷	Packaging and Decoration and other Printing	98.6
装订及印刷相关服务	Binding and Printing Services	106.1
文教、工美、体育和娱乐用品制造业	Manufacture of Articles for Culture, Education, Arts and Crafts, Sport and Entertainment Activities	99.3
工艺美术品制造	Arts and Crafts Manufacturing	99.3
雕塑工艺品制造	Sculpture Craft Manufacturing	99.3
石油加工、炼焦和核燃料加工业	Processing Industry of Petroleum Processing, Coking and Nuclear Fuel	92.0
精炼石油产品制造	Manufacture of Refined Petroleum Products	91.7
原油加工及石油制品制造	Crude Oil Processing and Oil Products Manufacturing	91.7
炼焦	Coking	92.5
化学原料和化学制品制造业	Manufacture of Chemical Materials and Chemical Products	95.0
基础化学原料制造	Basic Chemical Raw Materials Manufacturing	96.1
无机酸制造	Manufacture of Inorganic Acids	80.0
无机盐制造	Inorganic Salt Manufacturing	104.2

2-6 续表 6 Continued

(上年价格=100) (preceding year=100)

类　　别	Item	2016
有机化学原料制造	Raw Material to Manufacture Organic Chemistry	93.7
其他基础化学原料制造	Other Basic Chemical Raw Materials Manufacturing	94.2
肥料制造	Fertilizer Manufacturing	93.6
氮肥制造	Nitrogen Manufacturing	94.7
磷肥制造	Phosphate Fertilizer Manufacturing	92.7
复混肥料制造	Mixed Fertilizer Manufacturing	93.3
有机肥料及微生物肥料制造	Organic Fertilizer and Microorganism Fertilizer Manufacturing	106.2
农药制造	Pesticide Manufacturing	101.0
化学农药制造	Chemical Pesticide Manufacturing	101.0
涂料、油墨、颜料及类似产品制造	Paint, Ink, Paint and Similar Products Manufacturing	99.0
涂料制造	Paint Manufacturers	100.8
油墨及类似产品制造	Ink and Similar Product Manufacturing	98.6
颜料制造	Pigment Manufacturing	88.0
合成材料制造	Synthetic Material	97.5
合成橡胶制造	Synthetic Rubber Manufacturing	97.5
专用化学产品制造	Special Chemical Products Manufacturing	95.6
化学试剂和助剂制造	Manufacture of Chemicals and Additives	93.4
林产化学产品制造	Forest Chemical Product Manufacturing	96.4
其他专用化学产品制造	Other Special Chemical Products Manufacturing	98.6
炸药、火工及焰火产品制造	Explosives, Pyrotechnics and Fireworks Manufacturing	96.1
炸药及火工产品制造	Explosives and Pyrotechnics Manufacturing	96.0
焰火、鞭炮产品制造	Fireworks, Firecrackers Manufacturing	100.0
日用化学产品制造	Household Chemical Products Manufacturing	104.7
肥皂及合成洗涤剂制造	Soap and Synthetic Detergent Manufacturing	101.1
香料、香精制造	Spices, Flavors Manufacturing	105.3
医药制造业	Manufacture of Medicines	100.4
化学药品原料药制造	Chemical API Manufacturing	99.8
化学药品制剂制造	Chemical Preparations Manufacturing	98.5
中药饮片加工	Chinese Medicine Processing	97.4
中成药生产	Medicine Production	101.4

2-6 续表 7 Continued

(上年价格=100) (preceding year=100)

类　　别	Item	2016
兽用药品制造	Veterinary Pharmaceutical Manufacturing	113.3
生物药品制造	Biopharmaceutical Manufacturing	100.3
化学纤维制造业	Manufacture of Chemical Fibres	100.2
纤维素纤维原料及纤维制造	Cellulose Fiber Materials and Fiber Manufacturing	100.2
人造纤维(纤维素纤维)制造	Man-made Fiber (Cellulose Fibre) Manufacturing	100.2
橡胶和塑料制品业	Manufacture of Rubber and Plastics Products	101.5
橡胶制品业	Manufacture of Rubber	105.2
橡胶板、管、带制造	Rubber Plates, Tubes, With Manufacturing	105.3
其他橡胶制品制造	Other Rubber Products Manufacturing	105.2
塑料制品业	Manufacture of Plastics	97.6
塑料薄膜制造	Plastic Film Manufacturing	99.8
塑料板、管、型材制造	Plastic Plates, Tubes, Profiles Manufacturing	98.2
塑料丝、绳及编织品制造	Plastic Wire, Rope and Woven Goods Manufacturing	93.6
泡沫塑料制造	Foam Manufacturing	99.7
非金属矿物制品业	Manufacture of Non-metallic Mineral Products	98.3
水泥、石灰和石膏制造	Cement, Lime and Gypsum Manufacturing	99.2
水泥制造	Cement Manufacturing	99.2
石灰和石膏制造	Lime and Plaster Manufacturing	95.2
石膏、水泥制品及类似制品制造	Plaster, Cement Products and Similar Products Manufacturing	97.0
水泥制品制造	Cement Manufacturing	96.8
砼结构构件制造	Concrete Structure Manufacturing	104.1
轻质建筑材料制造	Light Manufacturing Building Materials	97.7
砖瓦、石材等建筑材料制造	Brick, Stone and Other Construction Materials Manufacturing	97.5
粘土砖瓦及建筑砌块制造	Clay Tile and Building Block Manufacturing	98.7
建筑陶瓷制品制造	Building Ceramics Products Manufacturing	88.9
建筑用石加工	Building Stone Processing	98.9
玻璃制造	Glass Manufacturing	90.8
平板玻璃制造	Flat Glass Manufacturing	90.8

2-6 续表 8 Continued

(上年价格=100) (preceding year=100)

类　　别	Item	2016
玻璃制品制造	Glass Products Manufacturing	90.0
技术玻璃制品制造	Technical Glass Products Manufacturing	86.3
日用玻璃制品制造	Daily Glass Products Manufacturing	90.4
玻璃纤维和玻璃纤维增强塑料制品制造	Glass Fiber and Glass Fiber Reinforced Plastic Products Manufacturing	100.0
玻璃纤维增强塑料制品制造	Glass Fiber Reinforced Plastic Products Manufacturing	100.0
陶瓷制品制造	Ceramic Products Manufacturing	99.2
日用陶瓷制品制造	Household Ceramic Products Manufacturing	99.2
耐火材料制品制造	Refractory Products Manufacturing	100.9
耐火陶瓷制品及其他耐火材料制造	Refractory Ceramic Products and Other Refractory Material Manufacturing	100.9
石墨及其他非金属矿物制品制造	Graphite and Other Non-metallic Mineral Products Manufacturing	97.8
石墨及碳素制品制造	Graphite and Carbon Products Manufacturing	97.8
黑色金属冶炼和压延加工业	Smelting and Pressing of Ferrous Metals	97.7
炼铁	Ironmaking	94.3
炼钢	Steelmaking	110.8
黑色金属铸造	Ferrous Metal Casting	101.6
钢压延加工	Steel Rolling Processing	100.2
铁合金冶炼	Ferroalloy Smelting	91.5
有色金属冶炼和压延加工业	Smelting and Pressing of Non-ferrous Metals	98.6
常用有色金属冶炼	Common Non-ferrous Metal Smelting	99.6
铜冶炼	Copper Smelting	96.1
铅锌冶炼	Lead and Zinc Smelting	100.1
镍钴冶炼	Nickel and Cobalt Smelting	75.4
锡冶炼	Tin Smelting	97.5
锑冶炼	Antimony Smelting	81.7
铝冶炼	Aluminum Smelting	109.1
贵金属冶炼	Precious Metals Refining	105.4
金冶炼	Gold Smelting	105.4

2-6 续表 9 Continued

(上年价格=100) (preceding year=100)

类　　别	Item	2016
银冶炼	Silver Smelting	103.2
稀有稀土金属冶炼	Precious Rare Earth Metal Smelting	64.7
其他稀有金属冶炼	Other Precious Rare Earth Metal Smelting	64.7
有色金属合金制造	Non-ferrous Metal Alloys Manufacturing	96.0
有色金属压延加工	Non-ferrous Metal Rolling Processing	96.5
铜压延加工	Copper Calendering	98.1
铝压延加工	Aluminum Rolling Processing	101.2
贵金属压延加工	Precious Metal Rolling Processing	105.4
稀有稀土金属压延加工	Rare Rare Earth Metal Rolling Processing	71.4
其他有色金属压延加工	Other Non-ferrous Metal Rolling Processing	79.8
金属制品业	Manufacture of Metal Products	97.5
结构性金属制品制造	Structural Metal Products Manufacturing	96.5
金属结构制造	Metal Structures Manufacturing	96.3
金属门窗制造	Metal Joinery Manufacturing	100.2
金属丝绳及其制品制造	Sisheng and Metal Products Manufacturing	93.2
金属表面处理及热处理加工	Metal Surface Treatment and Heat Treatment Processing	103.3
其他金属制品制造	Other meMal Products Manufacturing	105.7
交通及公共管理用金属标牌制造	Traffic and Public Management Metal Signs Manufacturing	100.0
其他未列明金属制品制造	Other Unlisted Metal Products Manufacturing	106.1
通用设备制造业	Manufacture of General Purpose Machinery	97.6
金属加工机械制造	Metalworking Machinery Manufacturing	97.5
金属切削机床制造	Metal Cutting Machine Manufacturer	97.5
铸造机械制造	Casting Machinery Manufacturing	96.5
物料搬运设备制造	Material Handling Equipment Manufacturing	99.4
起重机制造	Crane Manufacturing	99.4
泵、阀门、压缩机及类似机械制造	Pumps, Valves, Compressors and Other Similar Machinery Manufacturing	95.5
泵及真空设备制造	Pumps and Vacuum Equipment Manufacturing	95.5
通用零部件制造	Universal Parts Manufacturing	100.0

2-6 续表 10 Continued

(上年价格=100) (preceding year=100)

类　　别	Item	2016
其他通用零部件制造	Other Universal Parts Manufacturing	100.0
专用设备制造业	Manufacture of Special Purpose Machinery	100.1
采矿、冶金、建筑专用设备制造	Mining, Metallurgy, Construction and Special Equipment Manufacturing	100.2
矿山机械制造	Mining Machinery Manufacturing	100.2
建筑材料生产专用机械制造	Production of Building Materials for Machinery Manufacturing	100.2
食品、饮料、烟草及饲料生产专用设备制造	Food, Beverages, Tobacco and Feed Production Equipment Manufacturing	100.1
农副食品加工专用设备制造	Agro-food Processing Equipment Manufacturing	100.5
烟草生产专用设备制造	Special Equipment Manufacturing Tobacco Manufacturing	100.0
环保、社会公共服务及其他专用设备制造	Environmental, Social and Public Services and Other Special Equipment Manufacturing	100.1
水资源专用机械制造	Special Machinery for Water Resources Manufacturing	100.1
汽车制造业	Manufacture of Automobiles	102.2
汽车整车制造	Vehicle Manufacturing	101.9
汽车零部件及配件制造	Auto Parts and Accessories Manufacturing	105.5
铁路、船舶、航空航天和其他运输设备制造业	Manufacture of Railway, Ship, Aerospace and Other Transport Equipments	100.0
铁路运输设备制造	Rail Transportation Equipment Manufacturing	100.0
铁路机车车辆配件制造	Railway Locomotive and Vehicle Accessories Manufacturing	100.0
铁路专用设备及器材、配件制造	Special Railway Equipment and Apparatus, Accessories Manufacturing	100.0
电气机械和器材制造业	Manufacture of Electrical Machinery and Apparatus	96.3
电机制造	Electric Machine Manufacturing	99.5
电动机制造	Motor Manufacturing	99.5
输配电及控制设备制造	Transmission and Distribution and Control Equipment Manufacturing	98.1
变压器、整流器和电感器制造	Transformers, Rectifiers and Inductors Manufacturing	97.0
配电开关控制设备制造	Distribution Switch Control Equipment Manufacturing	100.0
电线、电缆、光缆及电工器材制造	Wire, Cable, Fiber Optic Cable and Electrical Equipment Manufacturing	93.2
电线、电缆制造	Wire and Cable Manufacturing	93.2
电池制造	Battery Manufacturing	101.1
锂离子电池制造	Lithium-ion Battery Manufacturing	101.1
非电力家用器具制造	Non-electrical Household Appliance Manufacturing	100.8
燃气、太阳能及类似能源家用器具制造	Gas, Solar Energy and Similar Energy Household Appliances Manufacturing	100.8
计算机、通信和其他电子设备制造业	Manufacture of Computers, Communication and Other Electronic Equipment	100.4

2-6 续表 11 Continued

(上年价格=100) (preceding year=100)

类 别	Item	2016
通信设备制造	Communications Equipment Manufacturing	102.0
通信系统设备制造	Communications System Equipment	102.0
电子器件制造	Electronic Devices Manufacturing	96.8
光电子器件及其他电子器件制造	Optoelectronic Devices and Other Electronic Devices Manufacturing	96.8
仪器仪表制造业	Manufacture of Measuring Instruments and Machinery	100.0
通用仪器仪表制造	General Instruments Manufacturing	100.0
电工仪器仪表制造	Electrical Instruments Manufacturing	100.1
供应用仪表及其他通用仪器制造	Supply of Instruments and Other General Instrument Manufacturing	99.9
光学仪器及眼镜制造	Optical Instruments and Optical Manufacturing	100.0
光学仪器制造	Optical Instruments Manufacturing	100.0
其他制造业	Other Manufacture	94.6
其他未列明制造业	Other unlisted Manufacturing	94.6
电力、热力生产和供应业	Production and Supply of Electric Power and Heat Power	98.3
电力生产	Electric Power production	94.8
火力发电	Thermal Power	92.6
水力发电	Hydraulic Power	95.7
风力发电	Wind Power	90.3
电力供应	Electric Power Supply	100.9
燃气生产和供应业	Production and Supply of Gas	100.1
水的生产和供应业	Production and Supply of Water	101.8
自来水生产和供应	Water Production and Supply	101.8

2-7 1991-2016年工业生产者购进价格分类指数

(上年价格=100)

年 份 Year	总指数 General Index	燃料、动力类 Fuel and Power	黑色金属材料类 Ferrous Metal Materials	有色金属材料及电线类 Nonferrous Metal Materials and Electric Wires	化工原料类 Raw Chemical Materials
1991	108.2	104.4	117.2	103.9	117.5
1992	111.9	117.9	113.2	107.9	104.5
1993	138.1	138.6	189.7	116.2	123.0
1994	110.3	114.5	121.0	106.2	110.8
1995	113.2	107.1	91.0	140.4	126.1
1996	111.3	119.2	100.4	85.6	108.4
1997	103.1	118.3	101.1	90.0	93.4
1998	100.7	100.8	96.1	86.6	95.1
1999	98.8	100.2	94.0	96.1	95.0
2000	101.5	106.5	99.3	107.0	100.2
2001	99.4	100.9	100.2	100.5	97.8
2002	97.6	98.9	97.6	94.1	98.0
2003	102.7	103.8	107.6	105.3	102.2
2004	109.6	107.9	116.7	127.1	105.2
2005	106.5	109.3	107.2	109.8	106.9
2006	107.6	106.8	96.6	127.7	102.0
2007	108.2	106.6	110.3	120.9	103.2
2008	111.6	118.6	124.6	95.6	110.7
2009	95.0	98.9	89.6	78.7	94.0
2010	109.0	106.7	107.4	126.4	105.3
2011	108.0	108.3	111.4	109.2	109.4
2012	99.3	102.2	94.6	93.0	100.8
2013	98.8	99.0	97.8	96.1	96.8
2014	99.0	99.4	97.1	96.9	99.7
2015	96.9	99.2	90.2	92.5	97.4
2016	95.9	96.7	95.8	92.8	90.7

PURCHASING PRICE INDICES FOR INDUSTRIAL PRODUCERS (1991-2016)

(preceding year=100)

木材及纸浆类 Timber and Paper Pulp	建筑材料及非金属类 Construction Materials and Nonmetal Ores	其他工业原材料及半成品类 Other Industrial Materials and Semi-finished Products	农副产品类 Agricultural Products	纺织原料类 Textile Raw Materials
95.9	106.3		109.3	120.6
106.0	137.2	100.5	102.7	98.8
133.6	212.1	117.9	102.0	108.2
107.3	117.5	110.3	125.2	159.6
106.6	98.6	108.7	132.7	155.3
111.5	92.3	104.2	129.5	97.2
102.9	97.8	99.2	100.1	97.0
94.3	101.0	91.7	116.8	96.5
102.7	97.6	99.7	104.5	89.4
103.5	98.1	102.3	96.8	95.8
103.0	98.6	100.2	97.5	96.0
96.0	101.1	97.8	98.9	91.9
101.3	100.1	100.4	99.8	102.2
101.8	104.4	108.2	105.1	105.3
101.4	106.2	104.7	105.4	100.8
102.2	107.4	104.8	111.1	101.6
105.3	105.7	105.4	108.4	100.7
105.1	110.5	110.1	107.7	104.2
94.8	100.3	100.7	99.2	96.5
105.5	105.2	106.3	110.9	103.7
105.0	110.3	103.5	106.6	115.7
101.6	107.8	101.1	103.9	100.5
100.0	100.0	100.3	104.1	98.0
100.0	96.7	99.3	104.0	101.4
99.7	96.2	101.8	98.1	100.2
98.5	96.5	98.2	98.9	100.2

2-8 1991-2016年固定资产投资价格分类指数
PRICE INDEX FOR INVESTMENT IN FIXED ASSETS (1991-2016)

(上年价格=100) (preceding year=100)

年份 Year	总指数 General Index	建筑安装、装饰工程 Construction, Installation and Decoration Projects	人工费 Labor Cost	材料费 Cost of Materials	机械使用费 Cost of Machinery Use	设备、工器具购置 Purchase of Equipment, Tools and Instruments	其他费用 Others
1991	112.1	111.3	130.3	110.2		114.3	111.1
1992	117.6	117.8	109.7	117.2		118.8	115.2
1993	135.4	136.4	134.7	135.1		123.2	155.0
1994	107.8	107.0	111.4	105.1		110.1	107.1
1995	104.0	102.1	126.5	97.1	110.7	105.8	110.4
1996	104.3	105.4	120.5	102.7	119.4	102.5	101.2
1997	105.4	106.7	120.4	103.1	109.0	100.0	110.2
1998	101.8	103.5	109.1	99.9	102.8	97.2	102.5
1999	100.7	102.0	103.1	99.8	102.5	96.5	101.4
2000	101.6	102.4	106.0	100.7	107.8	98.3	103.6
2001	101.0	101.9	104.3	100.6	105.0	98.2	100.6
2002	100.0	100.9	101.6	100.4	101.3	96.7	100.8
2003	102.2	103.1	103.9	103.1	102.1	99.4	102.4
2004	108.0	110.4	105.6	112.0	109.4	102.4	105.7
2005	104.6	105.4	107.9	105.8	102.8	102.3	103.9
2006	101.8	101.2	108.7	99.8	101.4	101.3	104.1
2007	104.2	104.5	116.7	102.6	102.2	100.5	107.0
2008	107.4	110.1	114.6	109.9	106.4	101.0	102.2
2009	98.1	97.6	105.8	94.9	102.5	97.1	100.9
2010	102.7	103.5	106.6	102.6	103.8	100.4	102.0
2011	104.6	106.0	110.0	105.2	103.4	101.2	102.8
2012	101.4	101.7	108.5	99.5	102.4	99.3	101.9
2013	101.1	101.2	106.8	99.3	101.7	99.3	101.9
2014	101.0	101.2	106.3	99.6	101.2	99.4	100.7
2015	99.1	98.7	103.9	96.6	100.6	98.8	101.0
2016	100.1	100.1	103.6	98.8	100.6	98.6	101.0

2-9 2013-2016年农业生产资料价格分类指数
PRICE INDICES FOR MEANS OF AGRICULTURAL PRODUCTION (2013-2016)

(上年价格=100) (preceding year=100)

项　　目	Item	2013	2014	2015	2016
农业生产资料价格指数	**Price Index for Means of Agricultural Production**	**100.1**	**98.4**	**101.1**	**102.8**
农用手工工具	Agricultural Craft Tool	101.5	101.3	101.6	100.0
饲料	Forage	104.0	100.7	101.0	96.8
产品畜	Animals for Products	96.1	97.6	106.1	110.9
半机械化农具	Semi-mechanized Farm Tools	101.4	100.1	100.5	99.9
机械化农具	Mechanized Farm Machinery	101.7	100.1	99.8	99.9
化学肥料	Chemical Fertilizers	98.5	94.4	99.1	98.6
农药及农药器械	Pesticide and Its Appliances	100.2	100.0	101.4	101.8
化学农药	Chemical Pesticides	100.9	99.9	101.5	102.2
农药器械	Pesticide Apparatus	94.8	100.3	100.3	99.5
农用机油	Oil for Farm Machinery	100.2	99.4	93.5	97.4
其他农业生产资料	Other Means of Agricultural Production	101.6	102.0	100.8	100.6
农用种子	Seeds for Farm	102.3	102.1	102.1	101.8
其他	Others	100.3	101.7	98.5	99.5
农业生产服务	Agricultural Production Service	109.2	107.7	111.6	102.2

2-10 2013-2016年农产品生产者价格指数
PRODUCER PRICE INDICES FOR AGRICULTURAL PRODUCTS (2013-2016)

(上年价格=100) (preceding year=100)

项　　目	Item	2013	2014	2015	2016
生产价格总指数	**General Index**	**104.9**	**100.6**	**101.3**	**103.9**
种植业产品	Planting Products	107.6	103.1	100.5	101.1
谷物	Cereals	107.1	96.0	99.7	96.1
薯类	Tubers	117.8	101.3	105.3	103.8
油料	Oil-bearing Crops	106.8	104.9	97.2	103.0
糖料	Sugar	102.4	96.0	100.0	101.6
烟叶	Tobacco Leaf	107.3	104.3	106.5	96.0
蔬菜	Vegetables	108.4	103.9	97.8	106.7
水果	Fruits	113.4	115.3	83.5	102.3
林业产品	Forestry Products	109.9	95.0	92.3	87.3
畜牧业产品	Animal Husbandry Products	98.1	96.1	103.2	110.2
猪	Pig	94.6	93.0	104.1	110.9
牛	Cattle and Buffaloes	114.6	107.0	96.9	104.0
羊	Sheep and Goats	110.9	115.8	91.1	104.7
家禽	Poultry	108.8	107.7	102.6	109.0
禽蛋	Poultry Eggs	106.8	105.4	103.4	109.1
奶	Milk	126.9	91.0	84.9	97.4
渔业产品	Fishery Products	98.2	101.5	98.0	102.5

2-11 分月居民消费价格指数(2016年，同比)

(上年同月价格=100)

项　　目	Item	1月 January	2月 February
居民消费价格指数	**Consumer Price Index**	**101.3**	**101.8**
其中：城市	Where: Urban	101.4	101.9
农村	Rural	101.3	101.7
其中：食品	Where: Food	103.3	105.4
非食品	Non-food	100.9	100.9
其中：服务项目	Where: Service Items	101.5	101.6
消费品	Consumer Goods	101.3	101.9
食品烟酒	Foods, Alcohol and Tobacco	103.2	104.6
食品	Food	103.3	105.4
粮食	Grain	100.6	100.5
食用油	Oil and Fats	101.3	102.0
菜	Vegetables	104.2	113.9
鲜菜	Fresh Vegetables	104.4	115.1
畜肉类	Meat	110.0	113.1
猪肉	Pork	115.5	119.4
牛肉	Beef	100.5	102.0
羊肉	Mutton	99.5	100.0
禽肉类	Moultry	100.8	100.5
蛋类	Eggs	97.5	98.1
奶类	Milk	99.1	99.3
茶及饮料	Tea and Beverages	99.8	100.2
烟酒	Alcohol and Tobacco	105.6	105.3
在外餐饮	Restaurant	102.0	102.0
衣着	Clothing	100.1	100.2
服装	Garments	100.1	100.2

CONSUMER PRICE INDICES BY MONTH (2016, PERCENTAGE CHANGE COMPARED TO SAME PERIOD IN PREVIOUS)

(same month of previous year=100)

3月 March	4月 April	5月 May	6月 June	7月 July	8月 August	9月 September	10月 October	11月 November	12月 December
101.9	**102.2**	**101.9**	**101.8**	**101.6**	**101.0**	**101.0**	**101.0**	**101.3**	**101.2**
102.1	102.3	102.0	101.7	101.5	100.8	100.8	100.8	101.1	101.0
101.6	101.9	101.9	101.9	101.9	101.3	101.5	101.5	101.6	101.6
106.3	107.6	107.1	106.7	105.1	101.6	101.6	101.7	102.7	103.1
100.9	100.9	100.7	100.6	100.8	100.8	100.9	100.9	100.9	100.7
101.5	101.6	101.7	101.7	101.9	102.0	102.3	102.1	101.9	101.5
102.1	102.5	102.1	101.9	101.5	100.5	100.4	100.5	100.9	101.0
105.2	106.0	105.5	104.8	103.7	101.5	101.5	101.6	102.2	102.5
106.3	107.6	107.1	106.7	105.1	101.6	101.6	101.7	102.7	103.1
100.5	100.3	100.2	100.3	100.1	100.1	100.2	100.3	100.5	100.6
102.4	104.8	105.9	106.2	106.1	103.9	104.5	104.7	105.5	105.0
119.4	118.1	110.0	106.1	102.6	97.9	98.7	99.8	105.3	108.2
121.2	119.7	110.7	106.3	102.4	97.2	98.2	99.4	105.6	108.9
114.1	117.7	118.8	118.9	115.5	105.8	104.6	104.4	104.7	104.7
121.6	127.4	129.0	128.9	122.7	107.5	106.0	105.6	106.1	105.9
101.4	102.2	102.4	102.4	100.9	100.9	100.6	100.6	100.9	100.8
98.7	98.5	98.3	97.9	97.5	96.9	97.4	97.7	97.4	98.3
100.6	101.7	102.6	103.5	103.3	102.1	100.9	100.4	101.1	101.1
98.3	99.6	100.0	100.3	100.6	98.0	99.2	99.3	99.9	100.2
99.4	99.1	99.3	99.1	99.0	98.9	99.8	100.7	100.5	100.6
100.1	100.1	99.9	100.1	100.1	100.2	100.3	100.3	100.5	100.5
105.3	105.1	100.0	100.1	100.0	100.0	100.0	99.9	99.9	99.8
102.4	102.2	102.3	102.3	102.4	102.2	102.2	102.5	102.5	102.6
100.5	100.5	100.3	100.1	100.0	99.8	99.9	100.1	100.2	100.3
100.3	100.2	100.1	99.9	99.9	99.7	99.9	99.8	99.8	99.9

2-11 续表

(上年同月价格=100)

项　　目	Item	1月 January
服装材料	Clothing Materials	100.3
其他衣着及配件	Other Clothing and Accessories	99.3
衣着加工服务费	Clothing Manufacturing Service Fees	103.5
鞋类	Shoes	100.3
居住	Residence	101.5
租赁房房租	House Rent	101.8
住房保养维修及管理	Household Maintenance and Management	100.1
水电燃料	Water, Electricity and Fuels	99.7
自有住房	Private Housing	102.8
生活用品及服务	Supplies and Services	100.3
家具及室内装饰品	Furniture and Interior Decoration	99.8
家用器具	Household Appliances	99.7
家用纺织品	Household Textiles	100.6
家庭日用杂品	Household Articles for Daily Use	100.1
个人护理用品	Personal Care Products	100.8
交通和通信	Transportation and Communications	99.0
交通	Transportation	98.5
通信	Communications	99.8
教育文化和娱乐	Education, Culture and Recreation	100.3
教育	Education	101.0
文化娱乐	Cultural and Recreational Articles	99.5
医疗保健	Health Care	102.1
药品及医疗器具	Medicines and Medical Instruments	103.4
医疗服务	Healthcare Services	101.0
其他用品和服务	Other Goods and Services	99.1

Continued

(same month of previous year=100)

2月 February	3月 March	4月 April	5月 May	6月 June	7月 July	8月 August	9月 September	10月 October	11月 November	12月 December
100.4	100.3	100.3	100.3	100.2	100.2	100.4	100.6	100.6	100.6	100.6
99.9	98.8	99.7	99.9	99.9	99.9	99.6	99.8	100.3	100.6	100.5
103.7	103.6	102.4	105.6	105.4	105.0	105.0	104.9	104.9	104.7	104.8
100.2	101.2	101.1	100.8	100.6	100.1	99.7	99.9	100.7	101.2	101.2
101.5	101.4	101.5	101.4	101.6	101.6	101.5	100.7	100.8	101.0	99.8
101.8	101.8	101.8	101.8	101.4	101.4	102.0	102.0	102.2	102.2	102.0
100.2	100.3	100.5	100.5	100.5	100.6	100.6	100.6	100.7	101.2	101.5
99.4	99.5	99.6	98.8	99.7	99.8	98.1	94.6	94.7	95.3	93.2
102.8	102.6	102.6	102.8	102.8	102.8	103.2	103.1	103.4	103.2	101.8
100.2	100.2	100.2	100.2	100.1	100.0	99.9	99.7	99.6	99.6	99.6
99.8	99.9	99.9	99.7	99.6	99.7	99.5	99.5	99.4	99.4	99.7
99.5	99.4	99.2	99.2	98.5	98.4	98.4	98.3	98.5	98.3	98.1
100.5	100.5	100.1	99.8	99.8	99.8	99.7	98.9	98.7	98.7	98.6
100.3	100.4	100.4	100.6	100.6	100.6	100.5	100.2	99.9	100.1	100.2
100.7	101.0	101.7	101.7	101.5	101.5	101.6	101.5	101.4	101.1	101.2
99.3	98.3	98.5	98.2	98.6	99.2	99.5	100.1	100.1	100.3	101.2
98.9	97.4	97.6	97.3	98.0	99.1	99.5	100.6	100.6	101.0	102.6
99.7	99.7	99.8	99.7	99.5	99.4	99.4	99.2	99.2	99.1	99.2
100.4	100.6	100.6	100.5	100.5	100.5	100.5	101.6	101.0	100.7	100.8
101.2	101.6	101.6	101.6	101.6	101.6	101.6	103.1	103.1	103.1	103.1
99.6	99.5	99.4	99.3	99.2	99.3	99.3	99.9	98.5	98.1	98.2
102.1	102.4	102.4	102.4	102.4	102.6	102.6	102.7	102.7	102.2	102.1
103.5	104.2	103.8	103.8	103.7	104.2	104.2	104.4	104.5	104.6	104.0
101.1	101.1	101.3	101.3	101.3	101.3	101.3	101.3	101.3	100.5	100.6
99.6	100.1	100.0	99.9	100.5	101.4	101.8	103.4	102.8	103.9	102.9

2-12　分月居民消费价格指数(2016年，环比)

(上月价格=100)

项　　目	Item	1月 January
居民消费价格指数	**Consumer Price Index**	**100.1**
其中：城市	Where: Urban	100.1
农村	Rural	100.1
其中：食品	Where: Food	100.4
非食品	Non-food	100.0
其中：服务项目	Where: Service Items	100.1
消费品	Consumer Goods	100.1
食品烟酒	Foods, Alcohol and Tobacco	100.3
食品	Food	100.4
粮食	Grain	99.8
食用油	Oil and Fats	100.2
菜	Vegetables	100.6
鲜菜	Fresh Vegetables	100.6
畜肉类	Meat	100.4
猪肉	Pork	100.8
牛肉	Beef	99.6
羊肉	Mutton	99.5
禽肉类	Moultry	100.4
蛋类	Eggs	100.4
奶类	Milk	100.1
茶及饮料	Tea and Beverages	99.9
烟酒	Alcohol and Tobacco	100.0
在外餐饮	Restaurant	100.0
衣着	Clothing	100.0
服装	Garments	100.0

CONSUMER PRICE INDICES BY MONTH (2016, PERCENTAGE CHANGE OVER PREVIOUS PERIOD)

(preceding month=100)

2月 February	3月 March	4月 April	5月 May	6月 June	7月 July	8月 August	9月 September	10月 October	11月 November	12月 December
100.6	**100.1**	**100.2**	**99.9**	**99.9**	**99.9**	**99.8**	**100.4**	**100.0**	**100.2**	**100.2**
100.6	100.2	100.2	99.7	99.9	99.8	99.8	100.3	100.0	100.1	100.2
100.6	99.9	100.1	100.1	100.1	100.0	99.8	100.4	100.2	100.2	100.2
102.8	100.0	100.7	99.2	99.4	98.8	99.6	101.2	100.3	100.4	100.3
100.0	100.1	100.0	100.0	100.1	100.1	99.9	100.2	100.0	100.1	100.2
100.1	100.0	100.0	100.1	100.0	100.3	100.1	100.6	99.8	99.9	100.2
100.8	100.1	100.2	99.7	99.9	99.7	99.7	100.2	100.2	100.3	100.2
101.9	100.1	100.4	99.5	99.6	99.3	99.8	100.8	100.3	100.3	100.2
102.8	100.0	100.7	99.2	99.4	98.8	99.6	101.2	100.3	100.4	100.3
100.1	100.0	99.9	100.1	100.1	99.9	100.1	100.2	100.2	100.1	100.0
100.5	100.3	101.5	100.7	100.3	100.3	99.8	100.6	100.2	100.7	99.7
109.7	101.7	98.9	93.1	95.8	95.8	100.0	105.3	102.8	103.1	102.1
110.7	101.9	98.8	92.4	95.2	95.4	100.0	106.0	103.1	103.4	102.5
103.3	99.6	102.2	100.7	100.9	99.5	98.9	100.2	99.8	99.6	99.6
104.2	99.5	103.2	100.9	101.2	99.2	98.3	100.2	99.6	99.4	99.4
101.6	99.3	100.5	100.2	100.1	99.7	99.7	100.0	100.0	100.0	100.2
100.5	99.2	100.1	99.6	99.5	99.7	100.1	99.9	100.2	99.8	100.3
100.8	99.4	100.3	100.0	100.1	99.8	100.0	100.6	99.4	100.3	100.0
100.6	97.8	97.8	98.8	99.8	99.7	100.7	103.6	100.4	100.4	100.2
100.3	100.1	99.9	100.1	100.0	100.0	99.6	100.5	100.5	99.5	100.0
100.3	100.0	100.0	99.8	100.2	100.0	100.0	100.0	100.0	100.2	100.0
100.1	100.0	99.9	100.0	100.0	100.0	100.0	100.0	100.0	100.0	99.9
100.2	100.4	100.1	100.2	100.1	100.3	100.2	100.2	100.4	100.2	100.4
100.0	100.4	99.9	99.8	99.7	99.9	99.8	100.2	100.2	100.3	100.1
100.1	100.2	99.8	99.8	99.7	100.0	99.9	100.2	99.9	100.2	100.2

2-12 续表

(上月价格=100)

项　　目	Item	1月 January
服装材料	Clothing Materials	100.0
其他衣着及配件	Other Clothing and Accessories	99.9
衣着加工服务费	Clothing Manufacturing Service Fees	100.4
鞋类	Shoes	100.0
居住	Residence	100.2
租赁房房租	House Rent	100.1
住房保养维修及管理	Household Maintenance and Management	100.1
水电燃料	Water, Electricity and Fuels	100.0
自有住房	Private Housing	100.3
生活用品及服务	Supplies and Services	100.1
家具及室内装饰品	Furniture and Interior Decoration	100.1
家用器具	Household Appliances	99.9
家用纺织品	Household Textiles	99.9
家庭日用杂品	Household Articles for Daily Use	100.1
个人护理用品	Personal Care Products	100.0
交通和通信	Transportation and Communications	99.8
交通	Transportation	99.7
通信	Communications	100.1
教育文化和娱乐	Education, Culture and Recreation	99.7
教育	Education	100.0
文化娱乐	Cultural and Recreational Articles	99.4
医疗保健	Health Care	100.0
药品及医疗器具	Medicines and Medical Instruments	100.1
医疗服务	Healthcare Services	100.0
其他用品和服务	Other Goods and Services	100.3

Continued

(preceding month=100)

2月 February	3月 March	4月 April	5月 May	6月 June	7月 July	8月 August	9月 September	10月 October	11月 November	12月 December
100.0	100.0	100.0	100.0	100.0	100.0	100.3	100.3	100.0	100.0	100.1
99.7	99.9	100.3	100.1	100.1	100.0	99.9	100.1	100.4	100.2	99.9
100.0	100.0	100.0	104.2	100.0	100.0	100.0	100.0	100.0	100.0	100.1
99.9	101.1	100.0	99.7	99.7	99.6	99.6	100.2	100.8	100.6	100.1
100.0	100.0	100.0	99.7	100.0	100.0	99.9	99.3	100.2	100.2	100.3
100.0	100.1	100.0	100.0	100.0	100.0	100.6	100.1	100.2	100.0	100.7
100.1	100.1	100.1	100.1	100.1	100.1	100.0	100.0	100.1	100.3	100.3
99.9	99.9	100.0	98.2	100.0	99.9	98.3	96.4	100.1	100.5	99.8
100.0	100.0	100.0	100.2	100.0	100.0	100.4	100.1	100.3	100.0	100.4
100.0	100.0	100.0	99.9	99.9	100.0	100.0	99.9	99.9	100.0	100.0
99.9	100.0	100.0	99.8	100.0	100.0	99.9	100.0	99.9	100.0	100.2
99.8	99.9	99.7	99.7	99.4	99.8	100.0	100.0	100.0	100.0	99.8
99.9	100.0	99.6	99.6	100.0	100.1	99.9	99.9	99.7	100.1	99.9
100.2	100.0	100.0	100.2	100.1	100.0	99.9	99.7	99.7	100.0	100.0
100.0	100.2	100.7	100.1	100.0	100.0	100.1	100.0	100.0	99.9	100.0
99.9	99.8	100.1	100.6	100.5	100.3	99.3	100.3	100.1	100.0	100.6
99.8	99.8	100.1	101.1	100.8	100.6	98.8	100.6	100.2	100.0	101.0
100.0	99.9	100.1	99.8	99.8	99.9	99.9	99.9	99.9	99.9	100.0
100.2	100.1	99.9	100.0	100.0	100.2	100.1	101.6	99.2	99.7	100.1
100.2	100.4	100.0	100.0	100.0	100.0	100.0	102.5	100.0	100.0	100.0
100.1	99.8	99.9	99.9	99.9	100.5	100.3	100.5	98.3	99.3	100.2
100.1	100.4	100.3	100.0	100.2	100.3	100.2	100.1	100.1	100.2	100.1
100.1	100.9	100.5	100.1	100.4	100.7	100.3	100.3	100.3	100.3	100.0
100.1	100.0	100.2	100.0	100.0	100.0	100.0	100.0	100.0	100.0	100.3
100.5	100.4	100.1	99.9	100.4	100.4	100.1	101.4	99.6	100.7	99.1

2-13 分月工业生产者出厂价格指数（2016年，同比）

（上年同月价格=100）

指标	Item	1月 January
工业生产者出厂价格指数	**Ex-Factory Price Index For Industrial Products**	**92.9**
按轻重工业分	By Light Industry and Heavy Industry	
轻工业	Light Industry	100.2
以农产品为原料	Using Agricultural Products as Raw Materials	100.2
以非农产品为原料	Using Non-agricultural Products as Raw Materials	99.5
重工业	Heavy Industry	90.1
采掘工业	Mining & Quarrying Industry	88.9
原料工业	Raw Materials Industry	88.7
加工工业	Processing Industry	92.5
按生产生活资料分	By Capital and Living Goods	
生产资料	Capital Goods	90.0
采掘	Mining & Quarrying	88.9
原料	Raw Materials	88.7
加工	Processing	92.1
生活资料	Living Goods	100.5
食品	Food	100.6
衣着	Clothing	99.7
一般日用品	Articles for Daily Use	99.3
耐用消费品	Durable Consumer Goods	98.0
按初级中间最终产品分	By Primary, Intermediate and Final Goods	
初级产品	Primary Goods	88.9
中间产品	Intermediate Goods	92.8
最终产品	Final Goods	97.9
按工业行业大、中类分	By Large, Medium Class of Industry Sector (New Sector)	
煤炭开采和洗选业	Mining and Washing of Coal	74.0
烟煤和无烟煤开采洗选	Mining and Washing of Bituminous Coal and Anthracitic Coal	72.0
褐煤开采洗选	Mining and Washing of Lignitic Coal	95.1
黑色金属矿采选业	Mining and Processing of Ferrous Metal Ores	86.5
铁矿采选	Mining and Processing of Iron Ores	86.4

EX-FACTORY PRICE INDICES FOR INDUSTRIAL PRODUCTS BY MONTH (2016,PERCENTAGE CHANGE COMPARED TO SAME PERIOD IN PREVIOUS)

(same month in preceding year=100)

2月 February	3月 March	4月 April	5月 May	6月 June	7月 July	8月 August	9月 September	10月 October	11月 November	12月 December
93.3	**94.2**	**95.1**	**96.5**	**97.1**	**97.8**	**98.8**	**99.5**	**100.4**	**102.6**	**104.2**
100.2	100.2	100.1	100.0	99.9	99.9	100.0	100.0	100.0	100.1	100.5
100.3	100.2	100.2	100.1	100.0	100.0	100.1	100.1	100.1	100.2	100.5
99.5	99.1	99.2	98.3	98.4	98.2	98.6	98.8	98.7	99.0	99.8
90.7	91.9	93.2	95.2	96.0	97.0	98.4	99.3	100.6	103.6	105.7
89.0	90.4	91.6	92.4	94.7	95.6	97.3	98.4	100.2	102.7	105.3
89.7	91.0	91.9	94.0	95.4	96.9	98.7	99.9	101.2	104.3	105.1
92.5	93.5	95.6	97.4	97.0	97.4	98.0	98.7	99.9	102.9	106.6
90.5	91.8	93.1	95.1	95.9	97.0	98.4	99.4	100.6	103.7	105.8
89.0	90.4	91.6	92.4	94.7	95.6	97.3	98.4	100.2	102.7	105.3
89.7	91.0	91.9	94.0	95.4	96.9	98.7	99.9	101.2	104.3	105.1
92.1	93.1	95.3	97.2	96.8	97.3	98.1	98.8	99.9	103.1	107.0
100.6	100.5	100.4	100.2	100.1	99.9	100.0	100.0	99.9	99.9	100.2
100.7	100.6	100.5	100.4	100.3	100.1	100.2	100.1	100.1	100.2	100.4
99.6	99.6	99.3	99.3	98.6	98.4	97.9	98.3	98.4	98.4	98.6
99.3	98.5	98.7	97.9	97.7	97.7	97.3	97.4	97.0	96.6	97.2
97.4	97.2	100.5	100.2	102.8	103.3	103.8	101.5	101.5	102.3	101.3
89.0	90.4	91.6	92.4	94.7	95.6	97.3	98.4	100.2	102.7	105.3
93.3	94.1	95.2	96.7	97.2	97.9	98.9	99.6	100.4	102.7	104.3
98.0	98.0	98.1	99.1	99.6	99.3	99.7	99.6	99.3	98.1	97.4
73.3	73.8	74.5	78.1	79.6	81.8	83.8	90.5	94.9	101.9	106.9
70.8	71.5	72.3	75.9	77.8	80.4	82.1	89.6	95.3	102.6	108.6
98.9	96.2	97.2	99.4	96.0	95.7	100.3	98.6	92.5	96.1	93.5
83.3	86.3	90.8	91.6	94.7	94.4	95.8	96.0	100.7	99.1	100.5
83.1	86.2	90.4	91.3	94.5	94.2	95.8	96.1	100.8	99.0	100.4

2-13 续表 1

(上年同月价格=100)

指　　标	Item	1月 January
锰矿、铬矿采选	Mining and Processing ofManganese Ore and Chrome Ore	93.4
有色金属矿采选业	Mining and Processing of Non-Ferrous Metal Ores	84.5
常用有色金属矿采选	Commom Mining and Processing of Non-Ferrous Metal Ores	83.3
贵金属矿采选	Mining and Processing of Precious Metals	93.3
稀有稀土金属矿采选	Mining and Processing of Rare Metals	76.3
非金属矿采选业	Mining and Processing of Non-metal Ores	97.7
土砂石开采	Mining and Processing of Soil and gravel	100.7
化学矿开采	Chemical Ore Mining	93.8
采盐	Salt Mining	113.3
农副食品加工业	Processing of Food from Agricultural Products	101.7
谷物磨制	Grain Grinding	99.9
饲料加工	Feed Processing	94.2
植物油加工	Vegetable Oil Processing	103.4
制糖业	Sugar Manufacturing	109.3
屠宰及肉类加工	Slaughtering and Meat Processing	104.8
水产品加工	Aquatic Products Processing	106.8
蔬菜、水果和坚果加工	Vegetables, Fruits and Nuts Processing	101.2
其他农副食品加工	Other Processing of Food from Agricultural Products	99.6
食品制造业	Manufacture of Foods	98.0
焙烤食品制造	Baked Goods Manufacturing	104.0
糖果、巧克力及蜜饯制造	Candy, Chocolate and Candied Fruit Manufacturing	100.2
方便食品制造	Convenience Food Manufacturing	101.1
乳制品制造	Dairy products Manufacturing	100.6
罐头食品制造	Canned Food Manufacturing	100.0
调味品、发酵制品制造	Seasoning, Fermentation Products Manufacturing	92.8
其他食品制造	Other Food Manufacturing	96.6
酒、饮料和精制茶制造业	Manufacture of Liquor, Beverages and Refined Tea	100.9
酒的制造	Wine Manufacturing	102.7
饮料制造	Beverage Manufacturing	99.0
精制茶加工	Refined Tea Processing	100.8

Continued

(same month in preceding year=100)

2月 February	3月 March	4月 April	5月 May	6月 June	7月 July	8月 August	9月 September	10月 October	11月 November	12月 December
93.2	89.0	110.7	100.9	103.4	104.3	96.7	91.5	98.4	104.0	104.3
86.6	89.6	90.3	91.3	94.7	96.7	98.5	101.6	103.3	109.0	114.1
85.6	87.8	88.7	89.2	92.8	94.7	96.6	99.9	102.7	109.9	116.3
94.2	101.4	100.8	102.0	104.4	108.5	109.0	110.5	107.2	108.5	106.2
78.6	81.5	82.5	88.4	91.3	90.6	92.7	98.2	99.0	99.4	110.6
97.9	96.0	93.8	92.0	92.0	93.0	95.4	93.7	94.7	95.6	94.3
101.5	101.6	97.3	97.2	98.8	97.7	101.7	98.2	97.1	96.6	96.6
93.9	92.5	89.7	87.5	87.9	89.5	92.7	91.0	92.8	94.5	92.7
112.7	108.1	108.4	107.8	106.2	104.7	103.5	102.3	100.8	99.4	99.4
102.4	102.0	102.0	101.5	101.3	101.4	101.5	101.5	101.5	102.0	102.6
100.0	100.3	100.3	100.1	100.5	101.1	102.1	102.0	102.5	102.8	103.3
94.5	94.6	94.9	95.2	96.8	99.2	100.2	99.9	99.6	100.6	102.3
103.6	104.7	106.7	105.4	104.2	103.8	104.1	103.7	102.7	102.6	102.4
110.7	107.4	106.7	105.4	103.3	103.5	105.1	105.7	106.2	107.8	109.1
106.5	108.9	110.2	110.0	109.7	108.4	104.4	104.1	103.5	102.8	103.0
106.8	106.3	104.9	104.4	105.2	104.6	105.1	100.5	101.8	102.6	103.2
102.3	101.6	101.2	100.4	100.2	97.1	97.0	96.7	97.1	96.9	96.4
99.6	99.8	99.3	99.3	99.5	102.4	101.9	102.5	102.6	102.8	102.9
97.8	97.9	96.6	96.3	96.4	96.6	97.3	97.3	97.3	96.7	98.5
104.2	104.2	104.2	104.2	103.9	103.9	104.0	103.4	103.3	103.3	103.1
100.6	100.0	100.0	100.2	100.2	100.2	100.2	100.2	100.2	100.2	100.2
101.5	100.7	101.4	101.8	101.9	103.0	106.5	106.2	107.9	107.1	114.1
99.5	99.5	99.3	97.2	97.4	96.3	97.2	98.1	97.3	97.7	98.9
100.0	100.0	101.2	100.0	100.0	100.0	100.0	96.3	95.7	91.3	95.7
92.6	92.8	90.2	92.3	93.7	94.2	95.3	96.2	97.1	95.2	96.0
96.4	97.2	93.8	91.4	89.6	90.5	89.2	88.1	86.8	86.8	89.3
100.0	100.2	100.6	100.7	99.8	99.3	99.3	99.2	98.7	98.7	100.0
102.8	101.6	101.9	102.0	100.7	100.1	99.6	99.4	99.5	99.5	100.1
96.6	98.5	99.6	99.7	99.4	98.4	99.0	98.6	97.3	97.6	100.7
100.3	100.2	100.2	100.2	99.2	99.3	99.4	99.4	99.0	98.9	99.2

2-13 续表 2

(上年同月价格=100)

指　　标	Item	1月 January
烟草制品业	Manufacture of Tobacco	100.0
烟叶复烤	Tobacco Redrying	100.5
卷烟制造	Cigarette Manufacturing	100.0
其他烟草制品制造	Other Tobacco Products Manufacturing	95.8
纺织业	Manufacture of Textile	98.1
棉纺织及印染精加工	Textile and Dyeing and Finishing	98.0
麻纺织及染整精加工	Hemp Textile and Dyeing Finishing	98.1
丝绢纺织及印染精加工	Silk Textile and Dyeing and Finishing	98.1
纺织服装、服饰业	Manufacture of Textile, Wearing Apparel and Accessories	99.8
机织服装制造	Woven Garment Manufacturing	99.8
针织或钩针编织服装制造	Knitting or Crochet Clothing Manufacturing	101.8
皮革、毛皮、羽毛及其制品和制鞋业	Manufacture of Leather, Fur, Feather and Related Products and Footware	98.8
制鞋业	Manufacture of Footwear	98.8
木材加工和木、竹、藤、棕、草制品业	Processing of Timber, Manufacture of Wood, Bamboo, Rattan, Palm and Straw Products	96.8
木材加工	Woodworking	96.7
人造板制造	Wood-based Panels Manufacturing	96.4
木制品制造	Wood Products Manufacturing	100.2
家具制造业	Manufacture of Furniture	100.0
其他家具制造	Other Furniture Manufacturing	100.0
造纸和纸制品业	Manufacture of Paper and Paper Products	99.4
纸浆制造	Pulp Manufacturing	92.8
造纸	Papermaking	100.9
纸制品制造	Paper Products Manufacturing	100.1
印刷和记录媒介复制业	Printing and Reproduction of Recording Media	99.8
印刷	Printing	99.8
装订及印刷相关服务	Binding and Printing Services	101.8
文教、工美、体育和娱乐用品制造业	Manufacture of Articles for Culture, Education, Arts and Crafts, Sport and Entertainment	99.2
工艺美术品制造	Arts and Crafts Manufacturing	99.2
石油加工、炼焦和核燃料加工业	Processing Industry of Petroleum Processing, Coking and Nuclear Fuel	85.5
精炼石油产品制造	Manufacture of Refined Petroleum Products	91.5

Continued

(same month in preceding year=100)

2月 February	3月 March	4月 April	5月 May	6月 June	7月 July	8月 August	9月 September	10月 October	11月 November	12月 December
100.0	100.0	100.0	100.0	100.0	100.0	100.0	100.0	100.0	100.0	100.0
100.5	100.5	100.5	100.5	100.5	100.5	100.5	100.0	100.0	100.0	99.8
100.0	100.0	100.0	100.0	100.0	100.0	100.0	100.0	100.0	100.0	100.0
97.2	97.4	98.5	99.7	100.5	100.4	100.4	100.8	100.4	99.4	99.1
98.5	99.5	99.1	97.4	99.1	100.1	100.2	101.2	102.4	102.8	103.5
98.1	97.7	97.5	96.5	95.1	95.0	94.5	94.9	95.6	95.5	96.5
98.6	99.2	98.9	88.6	88.6	88.5	88.4	88.9	89.1	89.1	89.4
98.6	100.1	99.6	98.3	101.0	102.6	102.8	104.1	105.6	106.1	106.8
99.7	99.6	99.5	99.4	98.9	98.8	98.3	98.6	98.7	98.7	98.8
99.6	99.5	99.5	99.3	98.8	98.7	98.2	98.5	98.7	98.7	98.8
101.8	101.8	101.8	101.8	101.8	101.8	100.0	100.0	100.0	100.0	100.0
99.0	99.6	97.6	98.9	96.4	95.5	95.0	96.4	95.7	96.2	97.0
99.0	99.6	97.6	98.9	96.4	95.5	95.0	96.4	95.7	96.2	97.0
96.6	97.1	97.1	96.7	97.2	97.8	98.7	98.6	98.4	100.0	100.2
96.8	98.4	98.4	98.8	99.2	100.9	101.8	102.9	102.7	104.6	104.6
96.2	96.5	96.7	96.2	96.7	97.2	98.2	97.7	97.5	99.2	99.3
99.3	98.8	97.7	96.0	96.2	95.6	96.1	95.9	95.7	96.0	96.6
100.0	100.0	100.0	100.0	100.0	100.0	100.0	100.0	100.0	100.0	100.0
100.0	100.0	100.0	100.0	100.0	100.0	100.0	100.0	100.0	100.0	100.0
98.7	98.7	97.9	97.6	97.1	97.5	98.4	98.1	98.3	98.7	100.8
91.3	88.5	86.5	81.9	80.6	84.4	84.2	82.9	84.3	85.5	98.6
99.9	99.8	98.6	99.4	98.5	98.0	100.2	100.3	100.2	100.8	101.4
100.0	100.8	100.8	100.9	101.1	101.1	101.1	101.0	100.9	100.7	100.9
99.9	98.4	98.5	98.4	98.4	98.4	98.4	98.5	98.5	98.5	98.5
99.9	98.4	98.4	98.4	98.3	98.3	98.4	98.4	98.4	98.5	98.5
103.0	102.4	104.2	103.3	105.0	106.5	107.8	109.6	108.8	110.7	110.3
99.2	99.1	99.1	99.1	99.0	99.0	99.0	99.3	100.1	100.0	100.0
99.2	99.1	99.1	99.1	99.0	99.0	99.0	99.3	100.1	100.0	100.0
86.7	84.3	85.9	84.2	84.9	87.3	93.1	97.6	101.2	107.1	113.2
94.1	88.3	89.7	85.0	84.3	86.5	93.8	96.6	95.9	97.4	100.0

2-13 续表 3

(上年同月价格=100)

指 标	Item	1月 January
炼焦	Coking	77.6
化学原料和化学制品制造业	Manufacture of Chemical Materials and Chemical Products	96.3
基础化学原料制造	Basic Chemical Raw Materials Manufacturing	91.8
肥料制造	Fertilizer Manufacturing	99.2
农药制造	Pesticide Manufacturing	100.0
涂料、油墨、颜料及类似产品制造	Paint, Ink, Paint and Similar Products Manufacturing	96.3
合成材料制造	Synthetic Material	88.3
专用化学产品制造	Special Chemical Products Manufacturing	90.8
炸药、火工及焰火产品制造	Explosives, Pyrotechnics and Fireworks Manufacturing	99.9
日用化学产品制造	Household Chemical Products Manufacturing	102.5
医药制造业	Manufacture of Medicines	101.0
化学药品原料药制造	Chemical API Manufacturing	98.3
化学药品制剂制造	Chemical Preparations Manufacturing	99.7
中药饮片加工	Chinese Medicine Processing	97.1
中成药生产	Medicine Production	102.0
兽用药品制造	Veterinary Pharmaceutical Manufacturing	103.0
生物药品制造	Biopharmaceutical Manufacturing	102.4
化学纤维制造业	Manufacture of Chemical Fibres	101.9
纤维素纤维原料及纤维制造	Cellulose Fiber Materials and Fiber Manufacturing	101.9
橡胶和塑料制品业	Manufacture of Rubber and Plastics Products	95.6
橡胶制品业	Manufacture of Rubber	95.9
塑料制品业	Manufacture of Plastics	95.2
非金属矿物制品业	Manufacture of Non-metallic Mineral Products	93.5
水泥、石灰和石膏制造	Cement, Lime and Gypsum Manufacturing	93.0
石膏、水泥制品及类似制品制造	Plaster, Cement Products and Similar Products Manufacturing	92.3
砖瓦、石材等建筑材料制造	Brick, Stone and Other Construction Materials Manufacturing	97.6
玻璃制造	Glass Manufacturing	91.2
玻璃制品制造	Glass Products Manufacturing	81.4
玻璃纤维和玻璃纤维增强塑料制品制造	Glass Fiber and Glass Fiber Reinforced Plastic Products Manufacturing	100.0

Continued

(same month in preceding year=100)

2月 February	3月 March	4月 April	5月 May	6月 June	7月 July	8月 August	9月 September	10月 October	11月 November	12月 December
77.0	78.7	80.6	83.0	85.8	88.5	92.1	99.0	109.6	122.6	133.6
95.7	94.9	95.3	95.3	94.8	93.6	93.4	92.8	93.4	96.2	97.8
93.8	92.5	93.5	95.3	91.4	94.9	94.9	95.5	99.0	105.9	106.4
97.3	96.1	96.2	95.3	95.6	92.6	91.7	89.9	89.4	89.2	90.7
100.2	100.2	100.9	100.9	101.3	101.9	103.0	101.7	100.2	99.8	101.7
97.3	96.7	96.5	97.1	101.4	99.7	100.1	101.1	101.6	100.6	100.4
88.2	88.0	89.8	94.9	98.8	93.3	95.6	98.7	101.0	113.7	123.2
90.8	91.9	93.9	92.8	93.2	93.5	95.2	96.8	97.0	105.5	107.6
99.8	98.8	95.3	95.3	95.0	94.8	94.7	94.6	95.1	95.1	94.7
102.8	103.9	104.1	102.8	102.4	101.7	102.4	105.1	108.5	109.9	110.8
101.6	101.0	100.5	100.6	100.6	100.0	99.9	100.0	99.9	100.1	99.7
98.6	99.3	101.4	100.3	103.6	101.2	98.4	104.4	97.3	97.4	97.2
99.8	98.7	99.2	98.5	98.1	98.4	97.9	98.0	98.3	97.8	97.6
96.9	96.3	96.2	95.3	95.5	98.6	99.0	98.6	98.5	99.0	98.3
102.9	102.2	101.4	102.3	101.6	100.6	100.9	100.4	100.6	100.9	100.6
112.1	112.0	112.8	115.8	115.8	115.8	114.7	114.4	114.4	114.4	115.2
102.4	102.6	102.5	92.8	105.3	98.3	95.1	101.0	100.7	102.0	99.6
100.0	100.0	100.0	100.0	100.0	100.0	100.0	100.0	100.0	100.0	100.0
100.0	100.0	100.0	100.0	100.0	100.0	100.0	100.0	100.0	100.0	100.0
97.9	96.9	97.7	100.7	99.0	99.1	99.9	101.8	103.0	108.7	117.7
98.1	95.2	97.1	102.1	100.8	101.4	103.1	107.0	109.2	118.2	135.3
97.7	98.7	98.4	99.3	97.2	96.7	96.4	96.4	96.6	98.8	99.4
94.1	95.0	96.5	97.1	97.7	97.9	97.5	98.3	100.5	105.0	107.8
94.1	95.3	97.2	97.8	98.9	99.4	98.3	99.3	100.2	107.3	110.7
91.8	92.9	93.8	94.9	94.3	94.1	95.6	96.7	104.8	105.5	109.3
97.2	97.7	98.7	98.7	98.2	97.3	96.9	96.7	97.1	97.0	96.8
89.3	85.0	88.2	89.4	90.7	91.7	92.6	93.3	94.1	92.5	92.4
83.1	84.0	86.1	87.2	89.2	90.2	92.6	96.0	97.1	98.7	99.8
100.0	100.0	100.0	100.0	100.0	100.0	100.0	100.0	100.0	100.0	100.0

2-13 续表 4

(上年同月价格=100)

指　　标	Item	1月 January
陶瓷制品制造	Ceramic Products Manufacturing	99.9
耐火材料制品制造	Refractory Products Manufacturing	102.6
石墨及其他非金属矿物制品制造	Graphite and Other Non-metallic Mineral Products Manufacturing	98.9
黑色金属冶炼和压延加工业	Smelting and Pressing of Ferrous Metals	83.4
炼铁	Ironmaking	85.1
炼钢	Steelmaking	100.0
黑色金属铸造	Ferrous Metal Casting	99.3
钢压延加工	Steel Rolling Processing	79.8
铁合金冶炼	Ferroalloy Smelting	87.8
有色金属冶炼和压延加工业	Smelting and Pressing of Non-ferrous Metals	86.7
常用有色金属冶炼	Common Non-ferrous Metal Smelting	87.0
贵金属冶炼	Precious Metals Refining	94.6
稀有稀土金属冶炼	Precious Rare Earth Metal Smelting	59.0
有色金属合金制造	Non-ferrous Metal Alloys Manufacturing	81.7
有色金属压延加工	Non-ferrous Metal Rolling Processing	88.3
金属制品业	Manufacture of Metal Products	93.2
结构性金属制品制造	Structural Metal Products Manufacturing	92.4
金属丝绳及其制品制造	Sisheng and Metal Products Manufacturing	77.1
金属表面处理及热处理加工	Metal Surface Treatment and Heat Treatment Processing	96.4
其他金属制品制造	Other meMal Products Manufacturing	107.7
通用设备制造业	Manufacture of General Purpose Machinery	98.1
金属加工机械制造	Metalworking Machinery Manufacturing	98.1
物料搬运设备制造	Material Handling Equipment Manufacturing	98.0
泵、阀门、压缩机及类似机械制造	Pumps, Valves, Compressors and Other Similar Machinery Manufacturing	97.0
通用零部件制造	Universal Parts Manufacturing	99.2
专用设备制造业	Manufacture of Special Purpose Machinery	100.0
采矿、冶金、建筑专用设备制造	Mining, Metallurgy, Construction and Special Equipment Manufacturing	100.2
食品、饮料、烟草及饲料生产专用设备制造	Food, Beverages, Tobacco and Feed Production Equipment Manufacturing	100.0
环保、社会公共服务及其他专用设备制造	Environmental, Social and Public Services and Other Special Equipment Manufacturing	100.0
汽车制造业	Manufacture of Automobiles	109.9

Continued

(same month in preceding year=100)

2月 February	3月 March	4月 April	5月 May	6月 June	7月 July	8月 August	9月 September	10月 October	11月 November	12月 December
99.8	99.6	99.7	99.6	99.6	99.3	98.9	98.8	98.2	98.6	98.7
103.3	102.8	103.4	100.3	100.8	100.6	100.6	99.6	98.9	98.6	99.3
98.9	98.9	98.6	98.6	97.8	99.0	97.1	95.6	97.0	97.0	96.3
84.6	87.6	93.2	98.4	97.1	99.4	100.8	102.3	104.4	109.2	118.8
86.6	90.2	91.9	92.6	93.7	95.7	96.5	97.3	97.6	99.1	108.3
102.5	102.5	105.6	121.0	112.8	112.8	105.1	105.1	105.5	117.1	140.0
99.4	98.7	99.0	99.4	99.2	100.8	100.9	101.5	103.2	108.5	109.4
82.4	86.4	93.9	101.7	99.7	102.9	105.3	108.7	112.6	117.2	124.9
85.8	87.0	90.1	90.0	90.4	91.8	93.0	91.6	91.2	95.4	106.5
88.8	91.1	92.7	93.2	94.7	97.8	100.8	102.0	103.9	115.9	120.9
89.7	91.3	93.2	93.2	94.2	97.5	101.0	102.5	105.2	119.5	126.9
97.7	104.8	102.9	101.1	107.8	112.0	113.0	110.7	106.2	109.9	105.8
61.8	61.5	62.3	65.4	65.2	65.0	66.1	66.0	65.9	69.9	76.2
76.0	80.6	86.7	89.6	90.9	96.4	102.5	101.4	109.6	128.6	124.9
86.8	89.1	90.8	94.6	95.0	96.8	98.5	100.2	102.5	109.4	109.8
92.3	92.2	93.1	94.6	96.3	94.9	97.4	99.2	103.4	105.2	110.1
91.0	91.4	91.8	93.3	95.5	93.5	96.3	98.3	103.0	104.0	109.5
79.3	76.9	88.2	96.2	95.9	96.4	96.4	96.6	102.6	110.1	114.7
100.0	96.4	100.0	100.0	100.0	103.6	110.9	107.3	107.3	110.9	107.3
108.1	106.0	104.2	102.2	101.8	102.0	103.5	105.3	106.0	109.7	111.5
97.8	98.0	97.8	98.2	98.8	97.3	97.9	97.3	96.9	96.2	96.6
97.9	98.1	97.9	98.5	99.0	96.9	97.7	96.9	96.4	95.8	96.3
97.8	98.0	98.2	98.7	99.0	99.5	99.7	100.0	101.2	101.2	101.2
95.4	95.3	94.1	90.2	93.7	97.4	98.3	99.2	97.9	94.5	93.6
99.4	99.3	99.7	100.2	100.3	100.2	100.3	100.3	100.4	100.4	100.4
100.0	100.0	99.9	100.0	100.0	100.0	100.1	100.3	100.3	100.3	100.3
100.0	100.1	99.9	100.2	100.2	100.2	100.3	100.3	100.3	100.3	100.2
99.9	99.9	99.9	99.9	100.0	100.0	100.0	100.3	100.3	100.3	100.3
100.0	100.0	100.0	100.0	100.0	100.0	100.0	100.3	100.3	100.3	100.3
105.9	104.3	101.3	101.1	98.4	99.9	99.9	103.3	101.0	102.3	100.7

2-13 续表 5

(上年同月价格=100)

指　　标	Item	1月 January
汽车整车制造	Vehicle Manufacturing	110.3
汽车零部件及配件制造	Auto Parts and Accessories Manufacturing	106.2
铁路、船舶、航空航天和其他运输设备制造业	Manufacture of Railway, Ship, Aerospace and Other Transport Equipments	100.0
铁路运输设备制造	Rail Transportation Equipment Manufacturing	100.0
电气机械和器材制造业	Manufacture of Electrical Machinery and Apparatus	94.7
电机制造	Electric Machine Manufacturing	99.0
输配电及控制设备制造	Transmission and Distribution and Control Equipment Manufacturing	99.2
电线、电缆、光缆及电工器材制造	Wire, Cable, Fiber Optic Cable and Electrical Equipment Manufacturing	89.2
电池制造	Battery Manufacturing	101.3
非电力家用器具制造	Non-electrical Household Appliance Manufacturing	97.9
计算机、通信和其他电子设备制造业	Manufacture of Computers, Communication and Other Electronic Equipment	99.2
通信设备制造	Communications Equipment Manufacturing	99.4
电子器件制造	Electronic Devices Manufacturing	98.6
仪器仪表制造业	Manufacture of Measuring Instruments and Machinery	100.0
通用仪器仪表制造	General Instruments Manufacturing	100.0
光学仪器及眼镜制造	Optical Instruments and Optical Manufacturing	100.0
其他制造业	Other Manufacture	100.0
其他未列明制造业	Other unlisted Manufacturing	100.0
电力、热力生产和供应业	Production and Supply of Electric Power and Heat Power	94.8
电力生产	Electric Power production	94.4
电力供应	Electric Power Supply	95.1
燃气生产和供应业	Production and Supply of Gas	100.8
水的生产和供应业	Production and Supply of Water	102.7
自来水生产和供应	Water Production and Supply	102.7

Continued

(same month in preceding year=100)

2月 February	3月 March	4月 April	5月 May	6月 June	7月 July	8月 August	9月 September	10月 October	11月 November	12月 December
106.1	104.2	100.9	100.4	97.7	99.2	99.4	103.0	100.6	102.0	100.3
104.2	105.3	105.3	107.7	105.9	106.1	105.2	105.8	104.6	104.8	104.6
100.0	100.0	100.0	100.0	100.0	100.0	100.0	100.0	100.0	100.0	100.0
100.0	100.0	100.0	100.0	100.0	100.0	100.0	100.0	100.0	100.0	100.0
95.2	95.7	96.1	94.2	94.3	94.0	96.3	96.6	96.3	99.6	103.2
99.7	99.7	99.3	99.2	98.8	99.6	100.6	100.0	99.6	99.6	99.0
98.5	99.1	99.4	99.2	97.5	97.1	97.6	97.4	97.6	97.5	97.6
91.3	92.0	91.9	89.3	89.4	89.5	92.8	93.1	94.2	100.2	107.6
99.3	98.9	99.1	87.2	98.8	92.6	104.7	112.0	93.8	107.7	117.4
97.3	97.1	100.5	100.2	103.0	103.4	104.0	101.6	101.6	102.4	101.3
106.5	107.1	116.4	111.5	99.9	98.8	101.1	94.8	89.3	90.1	91.6
110.5	110.5	124.8	117.1	104.3	100.8	102.0	93.6	87.3	88.2	89.9
97.6	99.4	99.3	100.1	91.0	94.6	99.4	97.6	93.9	94.6	95.5
100.0	100.0	100.0	100.0	100.0	100.0	100.0	99.9	100.0	100.0	100.1
100.0	100.0	100.0	100.1	100.1	100.1	100.0	99.2	99.8	100.2	100.6
100.0	100.0	100.0	100.0	100.0	100.0	100.0	100.0	100.0	100.0	100.0
100.0	96.5	96.5	93.0	93.0	93.0	93.0	93.0	93.0	90.7	93.0
100.0	96.5	96.5	93.0	93.0	93.0	93.0	93.0	93.0	90.7	93.0
94.7	96.9	96.8	102.4	105.4	104.8	103.9	102.0	100.7	93.0	88.1
94.2	93.0	93.6	102.8	106.1	99.9	99.3	96.9	95.7	86.2	80.7
95.1	100.1	99.4	102.1	105.0	108.0	106.9	105.4	103.9	98.0	93.9
100.6	100.9	100.5	100.4	100.5	100.2	99.4	99.5	99.6	99.7	99.4
102.7	102.7	102.7	102.7	100.9	101.3	101.3	101.3	101.3	101.3	100.8
102.7	102.7	102.7	102.7	100.9	101.3	101.3	101.3	101.3	101.3	100.8

2-14 分月工业生产者出厂价格指数（2016年，环比）

(上月价格=100)

指标	Item	1月 January
工业生产者出厂价格指数	**Ex-Factory Price Index For Industrial Products**	**99.7**
按轻重工业分	By Light Industry and Heavy Industry	
轻工业	Light Industry	100.1
以农产品为原料	Using Agricultural Products as Raw Materials	100.1
以非农产品为原料	Using Non-agricultural Products as Raw Materials	100.1
重工业	Heavy Industry	99.6
采掘工业	Mining & Quarrying Industry	98.5
原料工业	Raw Materials Industry	99.5
加工工业	Processing Industry	100.0
按生产生活资料分	By Capital and Living Goods	
生产资料	Capital Goods	99.6
采掘	Mining & Quarrying	98.5
原料	Raw Materials	99.5
加工	Processing	99.9
生活资料	Living Goods	100.2
食品	Food	100.2
衣着	Clothing	100.2
一般日用品	Articles for Daily Use	99.7
耐用消费品	Durable Consumer Goods	100.3
按初级中间最终产品分	By Primary, Intermediate and Final Goods	
初级产品	Primary Goods	98.5
中间产品	Intermediate Goods	99.8
最终产品	Final Goods	99.9
按工业行业大、中类分(新行业)	By Large, Medium Class of Industry Sector (New Sector)	
煤炭开采和洗选业	Mining and Washing of Coal	98.2
烟煤和无烟煤开采洗选	Mining and Washing of Bituminous Coal and Anthracitic Coal	98.2
褐煤开采洗选	Mining and Washing of Lignitic Coal	98.1
黑色金属矿采选业	Mining and Processing of Ferrous Metal Ores	96.4
铁矿采选	Mining and Processing of Iron Ores	96.4

EX-FACTORY PRICE INDICES FOR INDUSTRIAL PRODUCTS BY MONTH (2016, PERCENTAGE CHANGE OVER PREVIOUS PERIOD)

(preceding month=100)

2月 February	3月 March	4月 April	5月 May	6月 June	7月 July	8月 August	9月 September	10月 October	11月 November	12月 December
100.2	**100.8**	**100.7**	**99.7**	**98.9**	**99.4**	**99.8**	**99.7**	**100.5**	**102.3**	**102.3**
100.2	99.9	100.0	99.9	100.0	100.1	100.0	100.0	100.0	100.1	100.3
100.2	99.9	100.0	99.9	100.0	100.1	100.0	100.0	100.1	100.1	100.2
100.1	99.5	99.4	99.4	100.1	99.9	100.4	100.1	99.7	100.2	100.8
100.3	101.2	101.0	99.6	98.5	99.1	99.8	99.6	100.7	103.2	103.1
98.9	101.2	100.7	100.4	101.4	99.7	99.7	100.4	101.1	101.4	102.0
100.9	101.7	100.3	98.8	97.9	99.0	99.7	99.4	100.4	104.1	103.4
99.7	100.5	102.1	100.6	98.7	99.1	99.8	99.8	100.9	102.5	103.0
100.2	101.3	101.0	99.6	98.5	99.1	99.8	99.6	100.7	103.2	103.2
98.9	101.2	100.7	100.4	101.4	99.7	99.7	100.4	101.1	101.4	102.0
100.9	101.7	100.3	98.9	97.9	99.0	99.7	99.4	100.5	104.0	103.4
99.6	100.6	102.1	100.5	98.7	99.2	99.9	99.9	100.9	102.5	103.1
100.2	99.8	100.0	99.9	99.9	99.9	100.0	100.0	100.0	100.0	100.1
100.2	99.9	100.0	100.0	99.9	99.9	100.0	100.0	100.0	100.1	100.1
99.9	99.8	100.0	100.0	99.4	99.8	99.6	99.8	100.0	99.9	100.3
100.0	99.1	99.6	99.3	99.9	99.8	100.0	99.9	99.5	99.8	100.5
99.4	99.4	99.6	99.8	102.6	100.4	99.7	100.0	100.0	100.1	100.0
98.9	101.2	100.7	100.4	101.4	99.7	99.7	100.4	101.1	101.4	102.0
100.3	100.9	100.8	99.7	98.7	99.3	99.8	99.7	100.5	102.4	102.4
100.2	100.6	99.9	99.1	98.6	98.7	99.7	99.5	99.7	100.2	101.3
99.1	99.7	100.0	100.0	99.1	100.4	99.5	100.6	102.8	104.0	103.7
98.5	99.5	100.2	99.9	99.5	100.6	99.3	100.8	103.3	104.5	104.2
103.7	101.4	98.2	100.3	95.4	98.8	100.9	98.8	99.2	99.5	99.2
95.2	103.5	104.1	99.6	102.4	98.6	98.2	99.9	101.5	99.7	101.8
95.1	103.7	103.7	99.8	102.5	98.6	98.2	100.0	101.4	99.6	101.9

2-14 续表 1

(上月价格=100)

指　　标	Item	1月 January
锰矿、铬矿采选	Mining and Processing ofManganese Ore and Chrome Ore	97.4
有色金属矿采选业	Mining and Processing of Non-Ferrous Metal Ores	99.3
常用有色金属矿采选	Commom Mining and Processing of Non-Ferrous Metal Ores	99.2
贵金属矿采选	Mining and Processing of Precious Metals	99.6
稀有稀土金属矿采选	Mining and Processing of Rare Metals	99.5
非金属矿采选业	Mining and Processing of Non-metal Ores	99.6
土砂石开采	Mining and Processing of Soil and gravel	100.0
化学矿开采	Chemical Ore Mining	99.6
采盐	Salt Mining	99.4
农副食品加工业	Processing of Food from Agricultural Products	100.3
谷物磨制	Grain Grinding	99.9
饲料加工	Feed Processing	99.7
植物油加工	Vegetable Oil Processing	101.1
制糖业	Sugar Manufacturing	100.6
屠宰及肉类加工	Slaughtering and Meat Processing	100.3
水产品加工	Aquatic Products Processing	101.7
蔬菜、水果和坚果加工	Vegetables, Fruits and Nuts Processing	100.2
其他农副食品加工	Other Processing of Food from Agricultural Products	100.4
食品制造业	Manufacture of Foods	100.2
焙烤食品制造	Baked Goods Manufacturing	102.7
糖果、巧克力及蜜饯制造	Candy, Chocolate and Candied Fruit Manufacturing	100.2
方便食品制造	Convenience Food Manufacturing	107.6
乳制品制造	Dairy products Manufacturing	103.4
罐头食品制造	Canned Food Manufacturing	100.0
调味品、发酵制品制造	Seasoning, Fermentation Products Manufacturing	94.1
其他食品制造	Other Food Manufacturing	100.0
酒、饮料和精制茶制造业	Manufacture of Liquor, Beverages and Refined Tea	100.1
酒的制造	Wine Manufacturing	100.0
饮料制造	Beverage Manufacturing	100.7

Continued

(preceding month=100)

2月 February	3月 March	4月 April	5月 May	6月 June	7月 July	8月 August	9月 September	10月 October	11月 November	12月 December
101.3	97.4	121.7	92.6	100.0	96.6	97.0	95.4	102.2	105.6	99.8
100.7	101.2	100.3	101.6	102.4	100.3	100.4	101.2	100.9	102.7	102.4
100.4	100.7	100.3	101.3	102.8	100.1	100.3	101.5	101.2	103.6	103.8
101.7	103.6	99.9	101.2	101.9	102.1	100.3	99.8	99.5	99.7	97.0
101.5	100.0	101.9	108.2	98.2	97.7	101.5	101.0	100.9	100.0	100.0
98.3	98.1	97.2	98.8	100.8	100.9	100.8	99.9	101.1	99.8	98.9
99.1	99.8	94.3	100.7	100.7	100.0	104.2	98.1	100.0	100.0	100.0
97.5	98.0	96.4	98.2	101.1	101.2	100.9	100.0	101.5	99.7	98.5
101.1	98.2	100.7	100.0	100.0	100.0	100.0	100.0	100.0	100.0	100.0
100.8	100.0	100.2	99.9	100.2	100.4	99.9	100.0	100.1	100.4	100.4
100.1	100.2	100.1	99.9	100.3	100.6	100.8	100.1	100.6	100.2	100.4
99.8	99.5	100.0	99.8	100.8	101.4	100.4	99.7	99.6	100.2	101.2
99.7	101.3	101.4	99.8	100.0	99.6	100.2	99.9	99.4	100.0	99.9
102.3	100.4	100.2	100.1	100.0	100.8	100.5	100.4	100.8	101.5	101.0
101.1	101.4	101.1	100.5	100.4	99.6	99.5	100.3	99.4	99.3	100.2
100.0	100.0	98.9	99.9	101.1	99.7	100.3	99.2	101.3	100.7	100.4
100.9	99.2	100.1	99.4	99.7	98.2	99.3	99.8	100.2	100.1	99.4
100.0	100.0	99.6	100.0	100.2	102.9	99.4	100.2	100.0	100.1	100.1
99.9	100.0	98.2	99.5	99.9	99.8	100.0	99.9	100.1	99.6	101.4
100.2	100.0	100.0	100.0	100.0	100.0	100.2	99.9	100.0	100.0	100.2
100.4	99.4	100.0	100.1	100.0	100.0	100.0	100.0	100.0	100.0	100.0
100.8	99.3	100.6	99.9	99.7	100.3	99.2	98.8	101.7	100.2	105.5
98.7	100.3	99.3	97.9	100.0	99.2	100.1	100.6	99.9	100.5	99.1
100.0	100.0	100.0	100.0	100.0	100.0	100.0	96.3	99.4	95.3	104.9
100.3	100.1	97.5	102.2	100.5	99.9	100.0	101.3	100.5	98.6	101.4
99.9	100.2	94.4	96.3	99.0	99.9	100.4	98.1	98.9	99.6	102.4
100.2	99.5	100.5	99.7	99.5	99.9	100.0	100.0	100.0	100.1	100.5
100.2	99.1	101.1	100.0	99.1	100.0	100.0	100.0	100.0	100.0	100.7
100.3	99.3	100.4	99.3	100.2	99.5	99.9	99.9	100.4	100.3	100.5

2-14 续表 2

(上月价格=100)

指　　标	Item	1月 January
精制茶加工	Refined Tea Processing	99.7
烟草制品业	Manufacture of Tobacco	100.0
烟叶复烤	Tobacco Redrying	100.0
卷烟制造	Cigarette Manufacturing	100.0
其他烟草制品制造	Other Tobacco Products Manufacturing	97.5
纺织业	Manufacture of Textile	100.1
棉纺织及印染精加工	Textile and Dyeing and Finishing	99.7
麻纺织及染整精加工	Hemp Textile and Dyeing Finishing	100.0
丝绢纺织及印染精加工	Silk Textile and Dyeing and Finishing	100.2
纺织服装、服饰业	Manufacture of Textile, Wearing Apparel and Accessories	100.0
机织服装制造	Woven Garment Manufacturing	100.0
针织或钩针编织服装制造	Knitting or Crochet Clothing Manufacturing	100.0
皮革、毛皮、羽毛及其制品和制鞋业	Manufacture of Leather, Fur, Feather and Related Products and Footware	102.2
制鞋业	Manufacture of Footwear	102.2
木材加工和木、竹、藤、棕、草制品业	Processing of Timber, Manufacture of Wood, Bamboo, Rattan, Palm and Straw Products	100.5
木材加工	Woodworking	99.9
人造板制造	Wood-based Panels Manufacturing	100.6
木制品制造	Wood Products Manufacturing	100.9
家具制造业	Manufacture of Furniture	100.0
其他家具制造	Other Furniture Manufacturing	100.0
造纸和纸制品业	Manufacture of Paper and Paper Products	99.6
纸浆制造	Pulp Manufacturing	96.0
造纸	Papermaking	100.1
纸制品制造	Paper Products Manufacturing	100.2
印刷和记录媒介复制业	Printing and Reproduction of Recording Media	100.0
印刷	Printing	100.0
装订及印刷相关服务	Binding and Printing Services	99.5
文教、工美、体育和娱乐用品制造业	Manufacture of Articles for Culture, Education, Arts and Crafts, Sport and Entertainment Activities	100.0
工艺美术品制造	Arts and Crafts Manufacturing	100.0
石油加工、炼焦和核燃料加工业	Processing Industry of Petroleum Processing, Coking and Nuclear Fuel	99.2

Continued

(preceding month=100)

2月 February	3月 March	4月 April	5月 May	6月 June	7月 July	8月 August	9月 September	10月 October	11月 November	12月 December
100.0	100.2	100.1	99.7	99.2	100.0	100.1	100.0	99.6	100.1	100.3
100.0	100.0	100.0	100.0	100.0	100.0	100.0	100.0	100.0	100.0	100.0
100.0	100.0	100.0	100.0	100.0	100.0	100.0	100.0	100.0	100.0	99.8
100.0	100.0	100.0	100.0	100.0	100.0	100.0	100.0	100.0	100.0	100.0
101.5	97.5	102.0	99.3	100.7	100.1	100.1	100.5	100.0	100.0	100.0
99.8	100.2	100.0	98.2	101.6	101.3	100.2	100.3	100.8	100.4	100.6
99.8	99.4	99.7	99.0	98.7	99.7	99.4	100.4	100.6	99.8	100.3
100.0	100.0	100.0	89.4	100.0	100.0	100.0	100.0	100.0	100.0	100.0
99.7	100.5	100.2	98.5	102.6	101.9	100.4	100.3	101.0	100.6	100.7
99.9	99.9	100.0	99.9	99.5	99.9	99.6	99.8	100.2	99.9	100.1
99.9	99.9	100.0	99.9	99.5	99.9	99.6	99.8	100.2	99.9	100.1
100.0	100.0	100.0	100.0	100.0	100.0	100.0	100.0	100.0	100.0	100.0
100.1	99.2	99.8	100.4	98.5	98.6	99.0	100.1	98.6	99.4	101.3
100.1	99.2	99.8	100.4	98.5	98.6	99.0	100.1	98.6	99.4	101.3
100.0	99.4	99.5	99.2	100.2	100.5	100.4	99.8	99.8	100.5	100.2
100.2	100.1	100.3	100.0	100.4	100.3	100.7	100.9	99.8	101.8	100.0
100.1	99.2	99.4	99.2	100.2	100.7	100.3	99.5	99.8	100.1	100.3
98.7	99.2	98.9	98.1	100.3	99.2	100.4	100.0	100.1	100.3	100.4
100.0	100.0	100.0	100.0	100.0	100.0	100.0	100.0	100.0	100.0	100.0
100.0	100.0	100.0	100.0	100.0	100.0	100.0	100.0	100.0	100.0	100.0
99.7	100.0	99.6	99.7	99.8	100.1	100.6	100.1	100.2	99.9	101.7
100.8	97.0	98.2	97.6	99.9	102.6	96.6	100.0	101.5	98.1	111.2
99.1	99.9	99.4	100.0	99.5	99.5	102.6	100.3	100.1	100.4	100.7
99.9	100.9	100.0	100.0	100.0	100.0	100.0	99.9	100.0	99.8	100.1
100.0	98.6	100.0	100.0	100.0	99.9	100.0	100.0	100.0	100.0	100.0
100.0	98.6	100.0	100.0	100.0	99.9	100.0	100.0	100.0	100.0	100.0
101.0	100.5	101.0	101.2	100.5	100.9	100.9	102.1	100.3	101.3	100.8
100.0	100.0	100.0	100.0	100.0	100.0	100.0	100.0	100.0	100.0	100.0
100.0	100.0	100.0	100.0	100.0	100.0	100.0	100.0	100.0	100.0	100.0
99.8	100.5	100.3	100.3	100.4	99.8	99.6	101.2	103.0	104.8	103.8

2-14 续表 3

(上月价格=100)

指　　标	Item	1月 January
精炼石油产品制造	Manufacture of Refined Petroleum Products	100.0
炼焦	Coking	97.9
化学原料和化学制品制造业	Manufacture of Chemical Materials and Chemical Products	99.3
基础化学原料制造	Basic Chemical Raw Materials Manufacturing	99.4
肥料制造	Fertilizer Manufacturing	99.6
农药制造	Pesticide Manufacturing	100.0
涂料、油墨、颜料及类似产品制造	Paint, Ink, Paint and Similar Products Manufacturing	100.2
合成材料制造	Synthetic Material	94.3
专用化学产品制造	Special Chemical Products Manufacturing	99.6
炸药、火工及焰火产品制造	Explosives, Pyrotechnics and Fireworks Manufacturing	99.9
日用化学产品制造	Household Chemical Products Manufacturing	99.9
医药制造业	Manufacture of Medicines	101.4
化学药品原料药制造	Chemical API Manufacturing	100.0
化学药品制剂制造	Chemical Preparations Manufacturing	99.1
中药饮片加工	Chinese Medicine Processing	100.2
中成药生产	Medicine Production	102.2
兽用药品制造	Veterinary Pharmaceutical Manufacturing	105.3
生物药品制造	Biopharmaceutical Manufacturing	99.9
化学纤维制造业	Manufacture of Chemical Fibres	100.0
纤维素纤维原料及纤维制造	Cellulose Fiber Materials and Fiber Manufacturing	100.0
橡胶和塑料制品业	Manufacture of Rubber and Plastics Products	98.9
橡胶制品业	Manufacture of Rubber	99.6
塑料制品业	Manufacture of Plastics	98.3
非金属矿物制品业	Manufacture of Non-metallic Mineral Products	99.2
水泥、石灰和石膏制造	Cement, Lime and Gypsum Manufacturing	99.6
石膏、水泥制品及类似制品制造	Plaster, Cement Products and Similar Products Manufacturing	98.8
砖瓦、石材等建筑材料制造	Brick, Stone and Other Construction Materials Manufacturing	98.4
玻璃制造	Glass Manufacturing	95.5
玻璃制品制造	Glass Products Manufacturing	99.8
玻璃纤维和玻璃纤维增强塑料制品制造	Glass Fiber and Glass Fiber Reinforced Plastic Products Manufacturing	100.0

Continued

(preceding month=100)

2月 February	3月 March	4月 April	5月 May	6月 June	7月 July	8月 August	9月 September	10月 October	11月 November	12月 December
100.0	100.0	100.0	100.0	100.0	100.0	100.0	100.0	100.0	100.0	100.0
99.5	101.3	100.8	100.7	100.9	99.4	99.0	103.1	107.5	111.6	108.6
99.3	99.6	99.5	99.8	100.5	98.0	99.5	98.8	99.5	102.7	101.4
100.7	100.1	100.0	98.7	99.1	99.1	99.9	100.3	101.0	106.4	101.7
98.4	99.3	99.1	99.9	100.7	97.3	98.9	97.6	98.7	100.0	100.9
100.2	100.0	100.7	100.0	100.4	100.6	101.1	98.7	98.5	99.7	101.8
100.2	99.6	99.9	100.4	99.7	99.6	100.1	100.3	100.2	100.2	100.0
100.5	99.5	101.6	104.8	103.8	94.5	102.5	102.0	98.4	112.0	108.6
99.7	100.0	100.6	98.7	100.8	100.0	100.4	99.8	100.3	106.9	100.9
100.0	98.9	97.1	99.5	100.0	99.7	100.0	100.0	100.0	100.0	99.5
101.6	101.2	100.1	101.8	99.7	100.1	100.8	101.6	102.3	100.3	100.7
100.5	99.2	99.9	100.3	99.7	99.2	100.3	99.8	99.5	100.0	99.9
100.1	100.2	102.1	98.8	103.1	97.4	97.5	105.6	92.8	100.0	100.0
99.9	98.9	99.9	99.9	100.0	100.0	100.0	99.9	100.1	99.9	100.0
100.3	99.5	100.1	99.2	99.8	99.5	100.5	99.7	99.6	100.3	99.6
100.7	99.2	99.7	100.7	99.4	99.1	100.4	99.6	99.7	100.0	99.9
108.8	99.9	100.7	100.0	100.0	100.0	100.0	100.0	100.0	100.0	100.0
100.0	100.0	100.4	99.5	100.0	99.3	100.0	100.0	100.0	100.5	100.0
100.0	100.0	100.0	100.0	100.0	100.0	100.0	100.0	100.0	100.0	100.0
100.0	100.0	100.0	100.0	100.0	100.0	100.0	100.0	100.0	100.0	100.0
100.0	98.9	101.4	102.0	99.5	100.0	100.6	101.3	102.0	103.7	108.4
99.6	97.0	102.7	104.2	99.8	100.6	101.5	103.1	103.0	106.1	114.7
100.3	101.0	100.1	99.8	99.1	99.4	99.7	99.4	100.8	100.8	100.6
100.1	100.2	101.0	100.2	99.7	99.7	99.1	100.3	101.5	104.7	102.1
100.3	100.1	100.9	99.9	99.6	99.5	98.6	100.5	100.9	107.4	103.1
99.5	100.6	101.6	101.3	99.8	100.2	100.2	100.0	105.2	100.6	101.1
99.8	100.7	100.1	100.0	99.5	99.6	99.5	99.6	99.7	100.0	99.9
97.8	95.9	103.8	100.0	100.0	99.4	100.0	100.0	100.0	100.0	100.0
100.0	99.9	99.9	99.9	100.0	100.0	100.1	100.1	100.1	100.0	100.0
100.0	100.0	100.0	100.0	100.0	100.0	100.0	100.0	100.0	100.0	100.0

2-14 续表 4

(上月价格=100)

指 标	Item	1月 January
陶瓷制品制造	Ceramic Products Manufacturing	99.8
耐火材料制品制造	Refractory Products Manufacturing	99.6
石墨及其他非金属矿物制品制造	Graphite and Other Non-metallic Mineral Products Manufacturing	99.3
黑色金属冶炼和压延加工业	Smelting and Pressing of Ferrous Metals	100.5
炼铁	Ironmaking	100.0
炼钢	Steelmaking	100.0
黑色金属铸造	Ferrous Metal Casting	99.8
钢压延加工	Steel Rolling Processing	100.7
铁合金冶炼	Ferroalloy Smelting	100.3
有色金属冶炼和压延加工业	Smelting and Pressing of Non-ferrous Metals	100.1
常用有色金属冶炼	Common Non-ferrous Metal Smelting	100.0
贵金属冶炼	Precious Metals Refining	101.4
稀有稀土金属冶炼	Precious Rare Earth Metal Smelting	99.0
有色金属合金制造	Non-ferrous Metal Alloys Manufacturing	101.6
有色金属压延加工	Non-ferrous Metal Rolling Processing	99.6
金属制品业	Manufacture of Metal Products	100.9
结构性金属制品制造	Structural Metal Products Manufacturing	99.8
金属丝绳及其制品制造	Sisheng and Metal Products Manufacturing	99.1
金属表面处理及热处理加工	Metal Surface Treatment and Heat Treatment Processing	96.4
其他金属制品制造	Other meMal Products Manufacturing	109.7
通用设备制造业	Manufacture of General Purpose Machinery	99.6
金属加工机械制造	Metalworking Machinery Manufacturing	99.7
物料搬运设备制造	Material Handling Equipment Manufacturing	100.0
泵、阀门、压缩机及类似机械制造	Pumps, Valves, Compressors and Other Similar Machinery Manufacturing	97.7
通用零部件制造	Universal Parts Manufacturing	99.2
专用设备制造业	Manufacture of Special Purpose Machinery	100.0
采矿、冶金、建筑专用设备制造	Mining, Metallurgy, Construction and Special Equipment Manufacturing	100.0
食品、饮料、烟草及饲料生产专用设备制造	Food, Beverages, Tobacco and Feed Production Equipment Manufacturing	100.0
环保、社会公共服务及其他专用设备制造	Environmental, Social and Public Services and Other Special Equipment Manufacturing	100.0

Continued

(preceding month=100)

2月 February	3月 March	4月 April	5月 May	6月 June	7月 July	8月 August	9月 September	10月 October	11月 November	12月 December
100.0	99.9	99.9	100.1	99.8	99.6	99.6	100.0	99.9	100.1	99.9
100.7	100.3	100.5	99.0	100.1	100.2	100.0	99.5	99.6	99.6	100.2
100.0	100.1	99.7	100.0	100.0	100.0	98.1	100.0	100.0	100.0	99.1
100.3	101.9	105.9	101.6	96.0	98.6	99.9	100.1	102.1	103.9	107.1
100.0	100.0	100.0	100.0	100.0	100.0	100.0	100.0	100.0	100.0	108.3
102.5	100.0	103.0	114.5	93.2	100.0	93.2	100.0	100.4	111.0	119.5
100.0	99.3	100.5	100.4	100.2	101.0	100.2	100.6	101.6	104.7	100.8
101.6	102.8	108.1	101.9	94.4	98.0	100.4	101.4	102.9	104.7	106.4
97.4	101.1	103.3	99.0	99.0	99.2	100.0	97.6	101.3	101.9	106.5
101.6	101.9	101.3	101.0	100.2	102.3	101.0	99.7	100.9	107.5	101.9
101.5	102.0	101.6	100.7	100.4	102.9	101.4	99.9	101.4	109.7	103.0
106.7	102.2	99.3	101.2	101.6	100.5	100.5	98.8	97.9	99.8	96.2
101.0	96.8	96.6	96.5	95.9	96.1	94.2	93.7	97.3	97.5	109.3
97.6	102.2	108.8	102.8	98.8	102.8	103.1	97.5	102.0	106.5	99.4
97.8	102.2	101.8	102.7	99.4	101.8	100.1	100.6	101.0	103.7	99.0
99.2	99.5	100.9	99.8	99.7	100.1	100.3	100.5	101.9	101.2	105.8
98.9	100.0	100.8	99.7	100.1	100.0	100.0	100.4	102.2	100.5	107.0
100.0	97.0	106.5	104.8	95.8	100.4	100.0	100.2	101.8	106.4	102.4
103.8	96.4	103.8	100.0	100.0	103.6	107.0	96.7	100.0	103.4	96.7
100.4	98.0	98.4	98.1	99.5	100.2	101.4	101.5	100.5	102.6	101.2
99.6	100.1	99.4	100.0	100.2	99.9	99.3	99.9	98.9	99.4	100.4
99.7	100.2	99.2	100.2	100.0	99.7	99.1	99.8	98.7	99.6	100.5
100.0	100.0	100.0	100.0	100.0	100.0	100.0	100.0	101.2	100.0	100.0
98.4	100.2	99.8	95.7	103.8	103.9	100.5	100.0	98.4	95.3	100.0
100.2	99.9	100.4	100.6	100.1	99.9	100.1	100.1	100.1	100.0	100.0
100.0	100.0	100.0	100.0	100.0	100.0	100.0	100.3	100.0	100.0	100.0
100.0	99.9	100.0	100.1	100.0	100.1	100.0	100.0	100.0	100.0	100.1
100.0	100.0	100.0	100.0	100.0	100.0	100.0	100.3	100.0	100.0	100.0
100.0	100.0	100.0	100.0	100.0	100.0	100.0	100.3	100.0	100.0	100.0

2-14 续表 5

(上月价格=100)

指 标	Item	1月 January
汽车制造业	Manufacture of Automobiles	100.0
汽车整车制造	Vehicle Manufacturing	99.6
汽车零部件及配件制造	Auto Parts and Accessories Manufacturing	104.3
铁路、船舶、航空航天和其他运输设备制造业	Manufacture of Railway, Ship, Aerospace and Other Transport Equipments	100.0
铁路运输设备制造	Rail Transportation Equipment Manufacturing	100.0
电气机械和器材制造业	Manufacture of Electrical Machinery and Apparatus	99.6
电机制造	Electric Machine Manufacturing	99.4
输配电及控制设备制造	Transmission and Distribution and Control Equipment Manufacturing	99.5
电线、电缆、光缆及电工器材制造	Wire, Cable, Fiber Optic Cable and Electrical Equipment Manufacturing	99.4
电池制造	Battery Manufacturing	101.1
非电力家用器具制造	Non-electrical Household Appliance Manufacturing	100.3
计算机、通信和其他电子设备制造业	Manufacture of Computers, Communication and Other Electronic Equipment	100.0
通信设备制造	Communications Equipment Manufacturing	100.0
电子器件制造	Electronic Devices Manufacturing	100.0
仪器仪表制造业	Manufacture of Measuring Instruments and Machinery	100.0
通用仪器仪表制造	General Instruments Manufacturing	100.0
光学仪器及眼镜制造	Optical Instruments and Optical Manufacturing	100.0
其他制造业	Other Manufacture	100.0
其他未列明制造业	Other unlisted Manufacturing	100.0
电力、热力生产和供应业	Production and Supply of Electric Power and Heat Power	99.4
电力生产	Electric Power production	98.9
电力供应	Electric Power Supply	99.8
燃气生产和供应业	Production and Supply of Gas	100.1
水的生产和供应业	Production and Supply of Water	100.3
自来水生产和供应	Water Production and Supply	100.3

Continued

(preceding month=100)

2月 February	3月 March	4月 April	5月 May	6月 June	7月 July	8月 August	9月 September	10月 October	11月 November	12月 December
99.7	99.5	101.0	100.0	100.0	99.7	100.0	100.8	99.4	100.5	100.1
99.9	99.5	101.1	99.7	100.1	99.7	100.0	100.9	99.3	100.5	100.1
98.3	100.0	100.4	102.1	98.9	99.9	100.0	100.5	100.0	100.2	100.0
100.0	100.0	100.0	100.0	100.0	100.0	100.0	100.0	100.0	100.0	100.0
100.0	100.0	100.0	100.0	100.0	100.0	100.0	100.0	100.0	100.0	100.0
100.1	100.1	99.8	99.1	99.9	99.1	100.8	100.4	99.3	102.7	102.3
101.0	99.8	99.4	99.6	100.2	100.1	101.1	99.4	99.4	100.2	99.4
100.1	100.1	100.0	99.9	98.2	99.6	99.9	100.0	100.5	99.9	100.0
100.4	100.4	99.8	99.4	99.7	98.9	100.7	99.7	100.1	104.8	104.3
98.1	99.4	98.9	87.8	113.2	93.7	112.8	109.7	83.0	115.4	109.0
99.4	99.4	99.6	99.8	102.7	100.5	99.7	100.0	100.0	100.1	100.0
107.8	100.0	100.0	95.5	89.7	98.8	102.0	99.8	96.4	100.7	101.6
111.1	100.0	100.0	93.8	89.1	96.6	100.8	99.7	96.9	101.1	101.9
100.0	100.0	100.0	100.0	91.2	103.8	104.8	100.0	95.5	100.0	101.0
100.0	100.0	100.0	100.0	100.0	100.0	100.0	99.9	100.1	100.0	100.0
100.0	100.0	100.0	100.1	100.0	100.0	99.9	99.3	100.6	100.4	100.4
100.0	100.0	100.0	100.0	100.0	100.0	100.0	100.0	100.0	100.0	100.0
100.0	96.5	100.0	96.4	100.0	100.0	100.0	100.0	100.0	97.5	102.6
100.0	96.5	100.0	96.4	100.0	100.0	100.0	100.0	100.0	97.5	102.6
100.8	103.0	99.7	96.3	94.5	95.6	98.7	97.9	98.7	99.4	103.9
100.3	99.3	100.0	94.2	89.8	92.0	98.5	96.9	98.6	102.6	109.1
101.1	105.9	99.6	97.8	97.9	97.9	98.7	98.5	98.7	97.4	100.7
99.8	100.1	99.7	100.1	99.9	100.1	99.7	100.1	100.0	100.1	99.7
100.0	100.0	100.0	100.0	100.0	100.4	100.0	100.0	100.0	100.0	100.0
100.0	100.0	100.0	100.0	100.0	100.4	100.0	100.0	100.0	100.0	100.0

2-15 分月工业生产者购进价格指数(2016年，同比)

(上年同月价格=100)

指　标	Item	1月 January	2月 February
工业生产者购进价格指数	**Purchasing Price Index for Industrial Producers**	**92.0**	**93.0**
燃料、动力类	Fuel and Power	93.0	94.5
黑色金属材料类	Ferrous Metals Materials	88.6	90.5
钢材	Rolled Steel	91.5	92.7
其它	Others	87.2	89.4
有色金属材料及电线类	Nonferrous Metal Materials and Electric Wires	83.0	83.5
化工原料类	Raw Chemical Materials	90.1	91.2
木材及纸浆类	Timber and Paper Pulp	96.4	96.8
建筑材料及非金属类	Construction Materials and Nonmetal Ores	97.1	96.6
其它工业原材料及半成品类	Other Industrial Materials and Semi-finished Products	96.8	96.5
农副产品类	Agricultural Products	95.8	96.8
纺织原料类	Textile Raw Materials	100.6	100.6

2-16 分月工业生产者购进价格指数(2016年，环比)

(上月价格=100)

指　标	Item	1月 January	2月 February
工业生产者购进价格指数	**Purchasing Price Index for Industrial Producers**	**99.3**	**100.4**
燃料、动力类	Fuel and Power	99.6	101.7
黑色金属材料类	Ferrous Metals Materials	98.7	100.7
钢材	Rolled Steel	99.6	100.2
其它	Others	98.3	100.9
有色金属材料及电线类	Nonferrous Metal Materials and Electric Wires	99.8	98.8
化工原料类	Raw Chemical Materials	99.5	100.2
木材及纸浆类	Timber and Paper Pulp	96.8	99.9
建筑材料及非金属类	Construction Materials and Nonmetal Ores	99.8	99.4
其它工业原材料及半成品类	Other Industrial Materials and Semi-finished Products	98.9	99.5
农副产品类	Agricultural Products	99.9	100.4
纺织原料类	Textile Raw Materials	99.8	100.0

PURCHASING PRICE INDICES FOR INDUSTRIAL PRODUCERS BY MONTH (2016, PERCENTAGE CHANGE COMPARED TO SAME PERIOD IN PREVIOUS)

(same month of previous year=100)

3月 March	4月 April	5月 May	6月 June	7月 July	8月 August	9月 September	10月 October	11月 November	12月 December
93.4	**93.4**	**93.8**	**93.6**	**94.8**	**96.1**	**96.8**	**98.2**	**101.4**	**105.4**
93.9	93.2	93.6	94.3	95.4	97.4	97.7	99.7	103.0	106.3
90.8	92.8	94.6	93.0	95.8	96.2	97.4	99.0	103.4	110.1
94.7	99.8	103.1	102.6	105.1	105.2	106.0	106.5	110.7	119.6
89.0	89.4	90.5	88.3	91.1	91.8	93.1	95.3	99.7	105.3
86.3	86.1	87.3	88.6	92.3	95.9	97.4	100.4	106.2	113.1
91.4	89.6	89.2	87.4	87.4	87.9	90.5	91.5	95.2	98.5
96.6	98.5	98.6	98.5	99.0	98.3	97.8	98.0	99.0	103.8
96.4	97.2	98.2	95.8	95.1	95.5	94.9	95.8	97.7	98.3
97.6	98.1	97.1	96.6	97.7	97.8	98.3	98.3	100.3	103.9
97.6	98.2	98.7	98.5	98.6	99.3	98.7	99.9	101.1	104.1
99.9	100.1	100.6	99.9	100.1	100.1	100.3	100.0	100.2	100.5

PURCHASING PRICE INDICES FOR INDUSTRIAL PRODUCERS BY MONTH (2016, PERCENTAGE CHANGE OVER PREVIOUS PERIOD)

(preceding month=100)

3月 March	4月 April	5月 May	6月 June	7月 July	8月 August	9月 September	10月 October	11月 November	12月 December
100.4	**99.9**	**100.2**	**99.3**	**100.0**	**99.8**	**100.2**	**100.6**	**102.4**	**102.8**
100.3	99.3	100.1	99.4	99.4	99.7	100.3	100.9	103.4	102.2
100.8	102.1	101.4	97.5	100.5	99.6	100.3	100.6	103.2	104.6
101.2	105.2	102.3	99.8	101.6	99.0	100.1	99.7	102.7	107.0
100.5	100.6	100.8	96.2	99.9	100.0	100.4	101.0	103.5	103.2
101.7	100.6	101.5	100.3	101.3	100.5	100.3	101.0	103.1	103.6
99.6	97.6	99.5	98.3	99.6	99.4	99.9	100.1	102.0	102.8
99.9	101.8	100.1	100.8	100.2	99.1	99.7	100.2	100.7	104.6
99.5	100.2	99.9	97.5	99.3	99.5	100.1	100.3	102.1	100.6
100.8	100.0	99.3	99.9	100.4	100.0	100.0	100.1	101.4	103.6
100.2	100.2	100.3	100.0	100.2	100.4	100.2	100.3	100.7	101.3
99.4	100.4	100.3	99.9	100.5	100.4	99.8	99.7	99.9	100.4

2-17 分月农业生产资料价格指数(2016年，同比)

(上年同月价格=100)

项　目	Item	1月 January	2月 February
农业生产资料价格指数	**Price Index for Means of Agricultural Production**	**101.2**	**101.3**
农用手工工具	Agricultural Craft Tool	101.0	101.0
饲料	Forage	97.9	97.4
#混合饲料	Mixed Forage	99.9	99.4
产品畜	Animals for Products	108.1	107.7
半机械化农具	Semi-mechanized Farm Tools	100.8	100.7
机械化农具	Mechanized Farm Machinery	99.2	99.2
化学肥料	Chemical Fertilizers	100.0	99.6
氮肥	Nitrogenous Fertilizer	99.9	98.9
磷肥	Phosphate Fertilizer	100.0	100.2
钾肥	Potash Fertilizer	100.4	100.4
复合肥料	Compound fertilizer	100.1	100.1
农药及农药器械	Pesticide and Its Appliances	101.4	101.5
化学农药	Chemical Pesticides	101.6	101.7
农药器械	Pesticide Apparatus	100.3	100.3
农用机油	Oil for Farm Machinery	96.5	97.8
其他农业生产资料	Other Means of Agricultural Production	100.4	99.8
农用种子	Seeds for Farm	101.6	100.9
农用薄膜	Agricultural Films	97.6	94.8
农业生产服务	Service for Agricultural Production	101.7	103.4
排灌费	Irrigation and drainage fee	101.8	101.8
机械作业费	Mechanical Handling Charges	100.3	100.3
农业用电	Agricultural electricity	100.1	100.1
农业用工	Agricultural employment	101.9	103.9

PRICE INDICES FOR MEANS OF AGRICULTURAL PRODUCTION BY MONTH (2016,PERCENTAGE CHANGE COMPARED TO SAME PERIOD IN PREVIOUS)

(same month of previous year=100)

3月 March	4月 April	5月 May	6月 June	7月 July	8月 August	9月 September	10月 October	11月 November	12月 December
102.1	**103.3**	**103.8**	**103.8**	**103.7**	**103.3**	**103.0**	**103.1**	**102.5**	**102.7**
100.5	100.7	100.3	99.7	99.5	99.0	99.2	99.6	100.0	100.0
97.7	97.3	97.1	96.5	96.0	96.1	96.0	95.9	96.1	97.2
99.3	99.4	98.8	98.0	97.6	97.3	97.2	96.9	97.0	97.9
111.5	114.9	115.8	118.3	115.9	112.8	109.2	107.7	104.4	105.1
100.8	100.8	100.7	99.8	99.4	99.2	99.2	99.2	99.0	99.1
99.5	99.6	100.1	100.3	100.1	100.0	100.0	100.1	100.2	100.3
99.2	99.1	98.9	98.0	98.2	98.0	98.3	98.2	97.9	97.9
97.8	97.6	97.2	95.2	95.5	95.7	96.4	96.5	95.6	95.8
100.1	100.3	100.5	100.6	100.5	100.0	100.1	100.1	100.4	100.3
100.2	100.5	100.8	100.6	100.4	100.1	99.3	99.3	99.1	98.8
100.5	100.2	100.1	100.0	100.2	99.7	100.1	99.8	100.1	99.9
101.9	101.9	101.9	101.8	102.3	102.3	102.2	102.2	101.6	101.1
102.2	102.3	102.3	102.1	102.7	102.7	102.7	102.7	102.1	101.5
100.2	99.6	99.3	99.7	99.6	99.6	99.2	99.2	99.0	98.7
94.7	93.6	91.6	93.7	94.7	97.7	101.1	101.5	102.1	105.5
99.7	100.5	100.6	101.1	101.0	100.9	100.7	100.7	100.8	100.6
100.5	101.3	101.5	102.4	102.2	102.2	102.2	102.3	102.4	102.1
96.8	97.6	97.6	98.6	98.7	98.5	98.5	98.5	98.6	98.5
102.8	102.8	102.6	101.7	101.6	101.8	101.7	101.7	102.2	102.3
101.7	101.7	101.7	101.7	101.7	101.7	99.9	99.9	99.9	99.9
102.3	102.3	102.2	101.7	100.8	100.8	100.8	100.8	100.8	101.1
100.0	100.1	100.0	99.9	99.9	99.8	100.3	100.2	100.4	100.4
102.9	102.9	102.8	101.7	101.7	102.0	102.0	102.0	102.5	102.7

2-18 分季固定资产投资价格指数(2016年，同比)
PRICE INDICES FOR INVESTMENT IN FIXED ASSETS BY QUARTER (2016, PERCENTAGE CHANGE COMPARED TO SAME PERIOD IN PREVIOUS)

(上年同季价格=100) (same quarter of previous year=100)

项目	Item	1季度 Quarter 1	2季度 Quarter 2	3季度 Quarter 3	4季度 Quarter 4
固定资产投资价格指数	**Price Index for Investment in Fixed Assets**	**99.3**	**100.0**	**100.2**	**100.7**
建筑安装装饰工程	Construction, Installation and Decoration Projects	99.2	100.1	100.2	100.9
#人工费	Labor Cost	102.8	103.2	103.8	104.7
工程管理人员	Project management	103.8	104.7	104.9	104.9
工程技术人员	Engineer	105.5	103.9	104.0	104.7
普通人员	Ordinary people	102.0	101.9	102.9	104.6
材料费	Cost of Materials	97.7	98.9	98.8	99.6
钢材	Rolled Steel	96.5	97.5	97.5	98.1
木材	Timber	96.1	99.9	100.0	100.4
水泥	Cement	96.4	97.6	98.5	100.1
地方建筑材料	Local Building Materials	99.6	100.2	100.9	101.0
化工材料	Chemical Materials	98.7	98.7	97.9	99.9
电料	Dianliao	100.0	100.0	99.6	99.9
其他材料	Other Materials	99.2	100.0	100.9	99.5
机械使用费	Cost of Machinery Use	100.7	100.3	100.5	100.6
设备工器具购置	Purchase of Equipment, Tools and Instruments	98.2	98.3	98.6	99.2
其他费用	Other Expenses	101.4	100.9	101.2	100.5

2-19 分季农产品生产者价格指数(2016年，同比)
PRODUCER PRICE INDICES FOR AGRICULTURAL PRODUCTS BY QUARTER (2016, PERCENTAGE CHANGE COMPARED TO SAME PERIOD IN PREVIOUS)

(上年同季价格=100) (same quarter of previous year=100)

项目	Item	1季度 Quarter 1	2季度 Quarter 2	3季度 Quarter 3	4季度 Quarter 4
农产品生产价格指数	**Producer Price Index For Agricultural Products**	**110.4**	**115.2**	**107.0**	**98.5**
种植业产品	Planting Products	109.3	115.0	106.4	94.8
谷物	Cereals	101.8	98.4	89.0	90.1
稻谷	Rice	103.8	105.8	102.1	91.7
小麦	Wheat	109.1	96.5	108.1	
玉米	Corn	90.9	90.4	84.7	84.7
薯类	Tubers	100.5	131.4	78.2	97.3
油料	Oil-bearing Crops	105.7	106.4	99.7	100.5
豆类	Beans	106.8	95.6	103.6	108.0
糖料	Sugar	100.0	100.0	104.9	
烟草	Tobacco			111.3	82.9
蔬菜	Vegetables	115.9	120.2	94.0	102.0
鲜切花	Fresh Cutting Flowers	124.2	116.3	89.3	110.0
水果	Fruits	75.9	116.4	95.8	92.4
茶	Tesa	97.1	87.7		101.8
林业产品	Forestry Products	85.7	99.9	91.8	89.2
畜牧业产品	Animal Husbandry Products	112.5	115.9	109.7	107.1
猪(毛重)	Pig (gross weight)	115.1	117.7	109.5	107.9
羊(毛重)	Sheep and Goats(gross weight)	88.2	93.9	135.4	101.9
家禽(毛重)	Poultry(gross weight)	99.8	108.2	104.7	101.9
奶类	Milk	99.1	96.0	98.4	95.9
禽蛋	Poultry Eggs	91.8	108.9	97.0	104.0
渔业产品	Fishery Products	107.0	103.4	98.8	102.5

2-20 2015-2016年各州市居民消费价格指数
CONSUMER PRICE INDEX BY CITIES AND STATES(2015-2016)

(上年价格=100) (preceding year=100)

地 区	Region	2015		2016	
		居民消费价格总指数 Consumer Price Index	#食品 Food	居民消费价格总指数 Consumer Price Index	#食品 Food
全 省	**Total**	**101.9**	**103.4**	**101.5**	**104.3**
昆明市	Kunming	102.4	103.8	101.7	106.6
曲靖市	Qujing	101.8	102.8	101.6	105.4
玉溪市	Yuxi	102.0	103.2	101.3	103.6
保山市	Baoshan	102.1	101.7	101.4	104.0
昭通市	Zhaotong	102.1	105.3	101.4	104.5
丽江市	Lijiang	101.8	103.9	101.5	104.5
普洱市	Pu'er	101.3	103.2	101.1	103.0
临沧市	Lincang	101.0	102.2	101.6	104.6
楚雄州	Chuxiong	101.9	102.7	101.3	103.7
红河州	Honghe	101.9	104.1	101.4	104.3
文山州	Wenshan	102.6	104.3	101.6	104.8
西双版纳州	Xishuangbanna	101.4	103.6	101.4	104.2
大理州	Dali	101.6	103.5	101.0	102.4
德宏州	Dehong	101.5	102.8	101.2	103.6
怒江州	Nujiang	101.4	103.2	101.6	105.8
迪庆州	Diqing	102.4	103.6	101.5	104.5

2-21　2015-2016年各州市工业生产者价格指数
PRODUCER PRICE INDICES FOR INDUSTRIAL PRODUCTS BY CITIES AND STATES(2015-2016)

(上年价格=100)　　(preceding year=100)

地　区	Region	工业生产者出厂价格指数 Producer Price Index for Industrial Products		工业生产者购进价格指数 Purchasing Price Index for Industrial Producers	
		2015	2016	2015	2016
全　省	**Total**	**94.9**	**97.6**	**96.9**	**95.9**
昆明市	Kunming	94.8	97.8	94.4	97.6
曲靖市	Qujing	97.2	97.6	97.8	92.0
玉溪市	Yuxi	95.5	99.4	96.2	95.7
保山市	Baoshan	98.6	97.4	98.7	97.1
昭通市	Zhaotong	96.6	89.4	99.6	95.5
丽江市	Lijiang	94.9	94.5	97.9	99.5
普洱市	Pu'er	98.5	96.9	94.5	97.9
临沧市	Lincang	99.0	98.6	97.7	98.0
楚雄州	Chuxiong	96.0	98.9	103.7	98.6
红河州	Honghe	95.6	97.8	96.2	98.3
文山州	Wenshan	95.9	98.4	95.6	98.3
西双版纳州	Xishuangbanna	97.6	96.3	99.2	98.8
大理州	Dali	98.1	98.1	99.8	100.2
德宏州	Dehong	103.6	97.0	100.5	98.6
怒江州	Nujiang	101.5	97.3	99.9	90.2
迪庆州	Diqing	92.5	99.2	97.1	99.6

主要统计指标解释

居民消费价格指数 是反映一定时期内城乡居民所购买生活消费品和服务项目的价格水平变动趋势和程度的相对数，居民消费价格水平的变动在一定程度上反映了通货膨胀（或紧缩）的程度。通过该指数可以观察和分析消费品的零售价格和服务项目价格变动对城乡居民生活的影响程度。满足各级政府制定政策和计划、进行宏观调控的需要，以及为国民经济核算提供参考依据。

城市居民消费价格指数 是反映一定时期内城市居民家庭所购买的生活消费品价格和服务项目价格变动趋势和程度的相对数。通过该指数可以观察和分析消费品的零售价格和服务项目价格变动对城镇居民收入和消费支出的影响。

农村居民消费价格指数 是反映一定时期内农村居民家庭所购买的生活消费品价格和服务项目价格变动趋势和程度的相对数。该指数可以观察农村消费品的零售价格和服务项目价格变动对农村居民收入和生活消费支出的影响。

商品零售价格指数 是反映一定时期内城乡商品零售价格变动趋势和程度的相对数。商品零售价格的变动与国家的财政收入、市场供需的平衡、消费与积累的比例关系有关。因此，该指数可以从一个侧面对上述经济活动进行观察和分析。

农业生产资料价格指数 指反映一定时期内农业生产资料价格变动趋势和程度的相对数。其目的是在于掌握农业生产资料的平均价格水平，为国家制定农村经济政策提供依据，同时，为研究城乡市场流通状况和国民经济核算提供参考依据。

农产品生产者价格指数 是反映一定时期内，农产品生产者出售农产品价格水平变动趋势及幅度的相对数。该指数可以客观反映全国农产品生产价格水平和结构变动情况，满足农业与国民经济核算需要。其中某代表品生产价格指数是通过对全部有出售该产品行为的调查单位的个体指数进行几何平均求得的，类价格指数是通过对其所属的类（或代表品）的价格指数进行加权平均求得的。季度累计价格指数的计算方法与分季指数的计算方法相同。

工业生产者出厂价格指数 是反映一定时期内全部工业产品出厂价格总水平的变动趋势和程度的相对数，包括工业企业售给本企业以外所有单位的各种产品和直接售给居民用于生活消费的产品。

工业生产者购进价格指数 是反映工业企业作为生产投入，而从物资交易市场和能源、原材料生产企业购买原材料、燃料和动力产品时，所支付的价格水平变动趋势和程度的统计指标，是扣除工业企业物质消耗成本中的价格变动影响的重要依据。

目前，我国编制的工业生产者购进价格指数所调查的产品包括燃料动力、黑色金属、有色金属、化工、建材等九大类。

固定资产投资价格指数 是反映一定时期内固定资产投资品及取费项目的价格变动趋势和程度的相对数。固定资产投资额是由建筑安装工程投资完成额、设备工器具购置投资完成额和其他费用投资完成额三部分组成的。编制固定资产投资价格指数应首先分别编制上述三部分投资的价格指数，然后采用加权算术平均法求出固定资产投资价格总指数。

该指数可以准确地反映固定资产投资中涉及的各类投资品和取费项目价格变动趋势和变动幅度，消除按现价计算的固定资产投资指标中的价格变动因素，真实地反映固定资产投资的规模、速度、结构和效益，为国家科学地制定、检查固定资产投资计划并提高宏观调控水平，为完善国民经济核算体系提供科学的、可靠的依据。

Explanatory Notes on Main Statistical Indicators

Consumer Price Index is a relative number reflecting the trend and degree of changes in prices of consumer goods and service purchased by urban and rural households during a given period, CPI is usually used for reflecting the level of inflation (or deflation). The indices enable the observation and analysis of the degree of impact of changes in retail price of consumer goods and services on the living of urban and rural households. The indices can also meet needs of all levels of government making policies and programs and macro-control, and provide a reference for national accounts.

Consumer Price Index of Urban Househood is a relative number reflecting the trend and degree of changes in prices of consumer goods and service purchased by urban households during a given period. The indices enable the observation and analysis of the degree of impact of changes in retail price of consumer goods and services on urban household income and consumption expenditure on living.

Consumer Price Index of Rural Househood is a relative number reflecting the trend and degree of changes in prices of consumer goods and service purchased by rural households during a given period. The indices enable the observation and analysis of the degree of impact of changes in retail price of consumer goods and services on rural household income and consumption expenditure on living.

Retail Price Index is a relative number reflecting the trend and degree of changes in retail prices of commodities during a given period. The change in retail prices of commodities is related to government revenue, the equilibrium of market supply and demand, and the ratio of consumption to accumulation. Therefore, the retail price indices are useful from an oblique perspective for observing and analyzing the changes of the above economic activities.

Price Indices of Means of Agricultural Production are relative numbers reflecting the trend and degree of changes in prices of means of agricultural production during a given period. The aim is to grasp the average price level of means of agricultural production, provide a basis for countries to develop the rural economic policies, meanwhile, provide reference for the study of market liquidity conditions and national accounts.

Indices of Producers' Prices for Agricultural Products are relative numbers reflecting the trend and degree of changes in producers' prices received by farmers when they sell farm products during a given period. These indices depict the change in the level and structure of producers' prices of agricultural products of the country and meet the needs of agriculture statistics and national account statistics. The producers' price index of a given product is calculated through geometrical mean of individual indices of all surveyed units who sell such product, and the indices of a product category is obtained through weighted mean of price indices of all products in the category. Method for calculating accumulative quarterly indices is the same as for calculating the distinctive quarterly indices.

Ex-factory Price Indices of Industrial Products are relative numbers reflecting the trend and degree of changes in general ex-factory prices of all industrial products during a given period, including sales of industrial products by an industrial enterprise to all units outside the enterprise, as well as sales of consumer goods to residents.

Purchasing Price Indices for Industrial Producers are relative numbers reflecting the trend and degree of changes of prices paid by industrial enterprises when they purchase production input such as raw materials, fuels and power products from the market or from other energy or raw materials producing enterprises. These indices provide important basis for removing influence of price changes of the material consumption of industrial enterprises.

At present, in China the survey productions of purchasing price indices for industrial producers are in 9 categories, including fuels and power, ferrous metals, non-ferrous metals, chemicals, building materials, etc.

Price Indices of Investment in Fixed Assets

are relative numbers reflecting the trend and degree of changes in prices of investment goods and charging projects in fixed assets during a given period. The investment in fixed assets consists of three components, namely the investment in construction and installation, the investment in purchases of equipment and instrument, and the investment in other items. Price indices of investment in fixed assets are calculated as the weighted arithmetic mean of the price indices of the three components of investment in fixed assets.

This indicator shows accurately the trend and degree of changes in prices of investment goods and charging projects in fixed assets, removes the factor of price change in the aggregates of investment at current prices, observes the actual scale, growth, structure, and efficiency of investment in fixed assets, and provides reliable and scientific basis for government making, checking plans about fixed assets investment, improving the level of macroeconomic regulation, and the improvement of the national economic accounting system.

农业调查

Chapter 3

Agricultural Survey

简要说明

一、本篇资料的主要内容及统计范围

本篇资料反映农业生产和农村经济的基本情况，内容主要包括农村粮食生产情况、畜牧业生产等方面的统计资料。

二、本篇的资料来源及统计调查方法

农业调查是由国家统计局组织实施，国家统计局各调查总队及抽中市、县调查队依据国家统计局统一制定的调查方案收集资料，逐级审核。

1. 各省、自治区、直辖市全社会粮食产量数据，由各调查总队负责将农业生产经营户的抽样调查推算结果和农业生产经营单位的调查统计结果汇总后上报。其中农业生产经营单位的调查统计结果由各省、自治区、直辖市统计局负责收集并及时提供。省级粮食数据以国家反馈的数据为准，国家实行以省为总体的抽样调查，从抽样调查点取得的各季农作物播种面积、实测产量等各项资料。各农作物的播种面积和产量，包括全社会的数据，即包括调查季节的国有、集体单位及各种经济组织和个人经营的农作物。

2. 畜牧业的猪、牛、羊和家禽等内容，国家实行以省为总体的抽样调查，全省生猪调出大县实行以县为总体的抽样调查。包括主要畜禽抽样实行分季定产，四个季度之和即为年度数据；生猪调出大县实行月度调查与季度调查相结合，主要数据开展月度调查。

Brief Introduction

I. Main Contents and Statistical Scopes

The data in this chapter show the basic conditions of agricultural production and rural economy, including mainly the rural grain production and livestock production.

II. Data Sources and Survey Methods

Agricultural Survey is organized and conducted by National Bureau of Statistics. National Bureau of Investigation Corps and all drawn city and county investigation teams collect information in accordance with a unified plan National Bureau of Investigation develop and step by step review.

(1) The whole grain output data of the provinces, autonomous regions and municipalities directly under the central government are reported after investigation corps collect the calculation results of the sampling survey of agricultural output and operation units and the statistical results of the agricultural output and management units. The survey results of agricultural output and management units shall be collected and timely provided by provincial, autonomous region and municipal statistical bureau. The provincial grain data fed back by National Bureau of Statistics shall be the standard data. The nation conducts a sample survey taking the province as the population, from the point of sampling to obtain the data of the area and the actual output of the crop. The crop sown area of each season, the measured output and other information are obtained from the point of sample survey. The acreage and output of the crops, including the data of the whole society, includes the crops of the state-owned, collective units, and various economic organizations and individuals during the investigation season.

(2) It is the sample survey conducted by the nation taking the province as the population on animal husbandry such as hog, cattle, sheep and poultry, and a sample survey on pig output counties of the province taking the county as the population. The main livestock and poultry sampling is conducted on seasonal output. The sum of four quarters is the annual data; The province's pig output counties conduct monthly survey combined with quarterly survey. Main data are carried out on monthly survey.

3-1 1978-2016年粮食生产情况

年 份 year	全年粮食 Annual Grain			1. 夏收粮食 Summer Harvest		
	播种面积(万亩) Sown Area (10000 mu)	总产量(万吨) Total Yield (10000 tons)	平均亩产(千克/亩) Average Yield per Mu (kg/mu)	播种面积(万亩) Sown Area (10000 mu)	总产量(万吨) Total Yield (10000 tons)	平均亩产(千克/亩) Average Yield per Mu (kg/mu)
1978	5517.0	864.0	156.6	1579.4	135.0	85.5
1982	5210.9	946.0	181.5	1240.8	111.5	89.9
1983	5206.2	954.5	183.3	1272.9	140.5	110.4
1984	5162.1	1005.0	194.7	1281.5	135.5	105.7
1985	4977.8	935.0	187.8	1268.3	109.2	86.1
1986	4999.4	870.0	174.0	1266.3	75.5	59.6
1987	5046.8	929.8	184.2	1288.1	134.8	104.7
1988	5126.9	940.2	183.4	1392.9	138.7	99.6
1989	5290.7	1000.2	189.1	1467.8	132.3	90.1
1990	5433.5	1057.2	194.6	1543.1	162.8	105.5
1991	5428.4	1093.0	201.4	1566.2	184.3	117.7
1992	5373.0	1070.4	199.2	1584.3	196.0	123.7
1993	5290.5	1085.2	205.1	1598.1	211.2	132.2
1994	5503.4	1146.5	208.3	1704.5	201.4	118.2
1995	5464.5	1188.9	217.6	1690.5	228.2	135.0
1996	5547.3	1246.2	224.6	1764.0	234.3	132.8
1997	5578.7	1271.9	228.0	1825.5	254.7	139.5
1998	5829.5	1319.5	226.4	1857.8	240.2	129.3
1999	6063.2	1399.3	230.8	1951.4	253.6	130.0
2000	6358.1	1467.8	230.9	1853.6	241.0	130.0
2001	6508.5	1486.3	228.4	1995.0	233.9	117.2
2002	6240.9	1424.7	228.8	1827.3	240.9	131.8
2003	6102.6	1471.0	241.0	1791.8	244.6	136.5
2004	6237.8	1509.5	242.0	1765.1	236.3	133.9
2005	6380.4	1514.9	237.4	1783.4	222.3	124.7
2006	6033.2	1457.6	241.6	1658.3	220.6	133.0
2007	5991.8	1460.7	243.8	1645.8	223.4	135.7
2008	6143.9	1518.6	247.2	1652.6	207.6	125.6
2009	6300.2	1576.9	250.3	1692.5	236.5	139.7
2010	6411.6	1531.0	238.8	1683.6	127.7	75.8
2011	6490.4	1673.6	257.9	1736.9	251.2	144.6
2012	6599.4	1749.1	265.0	1756.8	243.5	138.6
2013	6749.1	1824.0	270.3	1782.5	240.4	134.9
2014	6762.3	1860.7	275.2	1786.7	267.9	149.9
2015	6731.0	1876.4	278.8	1767.5	286.5	162.1
2016	6721.8	1902.9	283.1	1751.4	288.2	164.6

GENERAL SITUATION OF GRAIN PRODUCTION(1978-2016)

2. 秋收粮食 Autumn Harvest			3. 早稻 Early Season Rice		
播种面积 (万亩) Sown Area (10000 mu)	总产量 (万吨) Total Yield (10000 tons)	平均亩产 (千克/亩) Average Yield per Mu (kg/mu)	播种面积 (万亩) Sown Area (10000 mu)	总产量 (万吨) Total Yield (10000 tons)	平均亩产 (千克/亩) Average Yield per Mu (kg/mu)
3937.7	729.0	185.1			
3970.1	834.5	210.2			
3933.3	813.5	207.0			
3880.7	869.5	224.1			
3709.5	825.8	222.6			
3733.1	794.5	212.8			
3758.7	795.0	211.5			
3734.0	801.5	214.7			
3822.9	867.9	227.0			
3890.4	894.4	229.9			
3862.2	908.7	235.3			
3788.7	874.4	230.8			
3692.4	874.0	236.7			
3798.9	945.1	248.8			
3774.0	960.7	254.6			
3783.3	1011.9	267.5			
3753.2	1017.2	271.0			
3971.7	1079.3	271.7			
4111.8	1145.7	278.6			
4504.5	1226.8	272.3			
4513.5	1252.4	277.5			
4413.6	1186.8	268.2			
4310.9	1226.4	284.5			
4472.7	1273.2	284.7			
4597.1	1292.6	281.2			
4374.9	1237.0	282.7			
4346.0	1237.3	284.7			
4491.3	1311.0	291.9			
4607.7	1340.5	290.9			
4728.0	1403.3	296.8			
4753.5	1422.4	299.2	61.4	25.8	420.2
4842.6	1505.6	310.9	59.3	25.1	423.3
4893.6	1557.8	318.3	73.1	25.8	352.9
4902.3	1566.7	319.6	73.4	26.1	355.8
4889.1	1563.3	319.8	74.4	26.6	375.5
4895.7	1587.5	324.3	74.7	27.2	364.1

3-2 1978-2016年主要粮食品种生产情况

年 份 Year	稻谷 Rice			玉米 Corn		
	播种面积（万亩）Sown Area (10000 mu)	总产量（万吨）Total Yield (10000 tons)	平均亩产（千克/亩）Average Yield per Mu (kg/mu)	播种面积（万亩）Sown Area (10000 mu)	总产量（万吨）Total Yield (10000 tons)	平均亩产（千克/亩）Average Yield per Mu (kg/mu)
1978	1558.7	411.5	264.0	1536.0	233.0	151.7
1982	1655.4	464.0	280.3	1572.5	278.0	176.8
1983	1660.5	457.0	275.2	1528.4	269.0	176.0
1984	1695.6	500.5	295.2	1461.9	274.0	187.4
1985	1611.8	483.0	299.7	1380.5	248.7	180.2
1986	1574.0	440.0	279.6	1406.0	157.8	112.2
1987	1529.9	458.0	299.4	1429.4	249.8	174.8
1988	1513.2	457.9	302.6	1417.7	250.1	176.4
1989	1511.6	468.4	309.9	1468.7	293.3	199.7
1990	1539.2	516.5	335.6	1484.9	277.8	187.1
1991	1517.3	512.5	337.8	1467.2	293.5	200.0
1992	1490.1	501.2	336.4	1424.7	271.0	190.2
1993	1396.5	476.5	341.2	1401.0	287.4	205.1
1994	1410.5	505.4	358.3	1499.0	327.9	218.8
1995	1411.5	511.9	362.7	1482.0	339.9	229.4
1996	1408.8	536.1	380.5	1490.7	369.2	247.7
1997	1381.8	530.2	383.7	1469.3	363.2	247.2
1998	1379.4	537.5	389.7	1643.6	418.1	254.4
1999	1354.5	551.7	407.3	1739.4	459.5	264.2
2000	1610.4	568.2	352.8	1694.6	473.3	279.3
2001	1650.5	595.9	361.1	1707.2	477.3	279.6
2002	1624.5	543.2	334.4	1693.4	461.5	272.5
2003	1564.7	635.9	406.4	1600.4	399.9	249.9
2004	1629.3	639.4	392.4	1666.7	425.7	255.4
2005	1574.0	646.3	410.6	1773.9	449.3	253.3
2006	1544.6	612.9	396.8	1876.8	478.0	254.7
2007	1485.3	589.7	397.0	1923.2	498.6	259.3
2008	1526.3	621.0	406.9	1988.7	539.6	271.3
2009	1559.7	636.2	407.9	2031.3	542.7	267.2
2010	1531.5	616.6	402.6	2126.7	613.0	288.2
2011	1610.2	668.7	415.3	2113.5	598.2	283.0
2012	1624.3	644.6	396.8	2185.4	700.0	320.3
2013	1729.1	667.9	386.3	2257.7	734.2	325.2
2014	1717.1	666.1	387.9	2288.6	743.3	324.8
2015	1702.2	659.7	387.6	2276.0	747.3	328.3
2016	1695.0	671.9	396.4	2269.8	756.5	333.3

MAIN VARIETIES OF FOOD PRODUCTION(1978-2016)

小 麦 Wheat			薯 类 Tubers			豆 类 Beans		
播种面积 (万亩) Sown Area (10000 mu)	总产量 (万吨) Total Yield (10000 tons)	平均亩产 (千克/亩) Average Yield per Mu (kg/mu)	播种面积 (万亩) Sown Area (10000 mu)	总产量 (万吨) Total Yield (10000 tons)	平均亩产 (千克/亩) Average Yield per Mu (kg/mu)	播种面积 (万亩) Sown Area (10000 mu)	总产量 (万吨) Total Yield (10000 tons)	平均亩产 (千克/亩) Average Yield per Mu (kg/mu)
998.7	86.0	86.1	361.7	48.5	134.1			
701.3	67.5	96.3	334.4	56.0	167.5			
700.7	86.5	123.5	337.4	56.0	166.0			
686.3	82.5	120.2	340.7	60.5	177.6			
665.1	61.9	93.1	345.6	63.0	182.3			
644.0	43.5	67.6	364.7	64.7	177.4			
651.5	74.6	114.5	381.9	61.3	160.5			
723.9	82.4	113.8	390.2	60.8	155.8			
791.3	80.7	102.0	405.6	70.1	172.8			
854.4	102.6	120.1	419.4	68.0	162.1			
873.8	115.3	132.0	432.8	68.0	157.1	276.9	21.8	78.7
885.0	127.0	143.5	433.2	66.2	152.8	305.6	22.5	73.6
916.5	135.0	147.3	447.0	72.2	161.5	709.5	76.5	107.8
942.8	125.2	132.8	463.7	78.2	168.7	765.6	72.1	94.2
937.5	137.5	146.7	460.5	78.9	171.3	747.0	77.2	103.3
996.5	146.7	147.2	466.1	84.8	182.0	758.9	78.1	102.9
1046.3	165.0	157.7	479.7	84.6	176.4	765.0	80.0	104.6
1060.2	151.3	142.7	514.5	87.0	169.1	762.5	76.5	100.3
1087.4	158.4	145.7	576.3	98.3	170.6	809.9	74.7	92.2
968.4	152.4	157.4	780.2	145.5	186.5	367.5	40.2	109.4
961.1	137.9	143.5	829.1	149.0	179.7	913.2	90.7	99.3
906.3	134.1	148.0	769.7	153.9	200.0	908.4	93.6	103.0
851.1	124.4	146.2	908.0	172.3	189.8	695.1	85.8	123.4
814.8	121.7	149.4	937.1	191.4	204.3	739.7	61.3	82.9
798.5	106.9	133.9	1031.3	178.6	173.2	717.9	77.2	107.5
656.6	93.0	141.6	836.0	157.4	188.3	803.4	93.8	116.8
640.2	91.2	142.5	842.6	162.2	192.5	783.3	80.1	102.3
637.5	83.1	130.3	880.4	169.8	192.8			
648.6	92.3	142.3	918.5	175.7	191.2	872.9	123.7	141.7
643.3	46.0	71.5	947.4	173.6	183.2	869.1	79.5	91.5
656.9	98.9	150.6	950.8	178.9	188.2	861.9	125.7	145.9
663.3	88.3	133.1	988.8	183.0	185.1	858.8	129.7	151.0
656.0	80.5	122.7	989.7	207.8	209.8	849.5	131.4	154.6
651.6	83.6	128.3	1010.9	192.7	190.6	839.9	133.1	158.5
649.1	90.6	139.6	1007.6	194.2	192.7	824.4	136.4	165.5
645.5	89.4	138.5	1010.4	196.5	972.6	828.9	138.7	167.3

3-3 2012-2016年主要畜禽生产情况
NUMBER OF LIVESTOCK OR POULTRY(2012-2016)

指标	Indicator	2012	2013	2014	2015	2016
畜禽出栏量	**Number of Slaughtered Livestock or Poultry**					
生猪 (万头)	Hogs(10000 heads)	3180.1	3323.7	3496.5	3451.0	3378.6
牛 (万头)	Cattle and Buffaloes(10000 heads)	279.1	275.7	287.3	292.8	300.4
羊 (万只)	Sheep and Goats(10000 heads)	767.1	792.4	807.1	854.7	871.6
家禽 (万只)	Poultry(10000 heads)	20410.6	19981.6	19701.8	21080.9	21698.8
年末存栏数	**Number of Livestock or Poultry in Stock at the End of the Year**					
生猪 (万头)	Hogs(10000 heads)	2708.7	2708.7	2678.9	2625.3	2575.4
#能繁母猪 (万头)	Sow(10000 heads)	300.3	307.8	299.8	280.3	271.3
牛 (万头)	Cattle and Buffaloes(10000 heads)	747.2	730.4	750.8	756.8	789.9
羊 (万只)	Sheep and Goats(10000 heads)	913.5	929.1	1008.0	1057.4	1043.7
家禽 (万只)	Poultry(10000 heads)	12431.5	12131.4	12313.4	12498.1	12699.9
肉类总产量 (万吨)	**Output of Livestock or Poultry(10000 tons)**	**348.7**	**357.4**	**375.7**	**375.5**	**372.8**
猪肉	Pork	264.1	276.0	292.4	288.6	283.7
牛肉	Beef	31.9	31.8	33.6	34.3	35.2
羊肉	Mutton	13.6	14.0	14.6	15.0	15.1
禽肉	Poultry	36.4	35.7	35.2	37.6	38.8
其他肉类	Others	2.8				
牛奶产量 (万吨)	**Cow Milk(10000 tons)**	**53.7**	**54.5**	**58.2**	**55.0**	**56.9**
禽蛋产量 (万吨)	**Poultry Eggs(10000 tons)**	**22.1**	**23.2**	**24.3**	**26.0**	**26.4**

注：以上数据为国家统计局按照第二次农业普查口径衔接核定的抽样调查数据，其中2008年以后数据为主要畜禽监测抽样调查的国家反馈衔接核定数。2013-2015年肉类总产量为猪、牛、羊、禽肉产量合计。

Note: The above data comes from the second census of agriculture of the National Bureau of Statistics.And the data after 2008 comes from sampling survey of main livestock monitoring that reviewed and feedback by the NBS. The total output of livestock or poultry including pigs, cattle, sheep, and poultry in 2013-2015.

3-4 2012-2016年生猪调出大县分县资料
DATA OF THE MAIN COUNTY OF SLAUGHTER HOGS(2012-2016)

项目	Item	2012	2013	2014	2015	2016
生猪出栏量（万头）	**Number of Slaughtered Hogs(10000 heads)**	**1815.1**	**1898.2**	**1927.4**	**1947.4**	**1990.2**
宜良县	Yiliang	46.0	48.1	50.4	42.3	43.6
寻甸县	Xundian	50.5	55.6	57.2	58.0	59.1
麒麟区	Qilin	77.0	80.7	82.8	84.4	85.9
陆良县	Luliang	114.9	121.2	119.7	123.4	129.7
师宗县	Shizong	51.9	57.4	57.9	58.5	59.1
罗平县	Luoping	79.2	75.9	73.0	73.5	73.1
富源县	Fuyuan	108.1	111.3	114.3	119.8	120.0
会泽县	Huize	140.5	148.4	146.4	145.5	150.0
沾益县	Zhanyi	82.2	96.6	100.1	101.0	103.1
宣威市	Xuanwei	245.6	245.3	245.0	249.0	254.8
隆阳区	Longyang	92.2	93.9	97.8	103.9	105.8
腾冲市	Tengchong	65.4	68.1	70.7	72.4	74.2
昌宁县	Changning	48.9	57.4	59.4	62.5	64.2
昭阳区	Zhaoyang	48.8	56.1	55.0	48.4	50.0
镇雄县	Zhenxiong	72.0	63.8	66.2	68.3	68.5
禄丰县	Lufeng	53.7	50.6	54.4	53.5	55.8
蒙自市	Mengzi	39.4	48.5	51.1	54.0	54.9
建水县	Jianshui	86.5	86.6	89.3	93.2	95.6
石屏县	Shiping	51.7	59.8	63.6	63.6	65.2
弥勒市	Mile	49.8	58.4	58.9	59.0	60.2
泸西县	Luxi	44.1	48.0	50.4	50.5	52.0
丘北县	Qiubei	54.4	63.1	65.8	65.7	67.1
广南县	Guangnan	68.6	60.3	56.4	56.9	57.2
大理市	Dali	43.8	43.1	41.8	40.1	41.3

注：以上数据为国家统计局核定的生猪调出大县分县数据，其中2008年以后数据为主要畜禽监测抽样调查的国家反馈衔接核定数，另外14个大县为后确定的调出大县,国家核定数从2010年开始。2012年数据为国家重新调整核定数。

Note: The above data is for the main county of slaughter pigs that reviewed by the NBS.And the data after 2008 comes from sampling survey of main livestock monitoring that reviewed and feedback by the NBS. The other 14 later determined counties' data is feedback by the NBS since 2010. There is a new adjust approved data after 2012.

3-4 续表 1 Continued

项 目	Item	2012	2013	2014	2015	2016
猪肉产量（万吨）	**Number of Slaughtered Hogs (10000 tons)**	**153.3**	**159.2**	**161.4**	**164.0**	**164.7**
宜良县	Yiliang	3.8	3.9	4.2	3.7	3.7
寻甸县	Xundian	4.2	4.6	4.8	4.8	4.8
麒麟区	Qilin	6.2	6.5	6.8	7.1	7.0
陆良县	Luliang	10.0	10.5	10.1	10.3	10.6
师宗县	Shizong	4.3	4.7	4.8	4.9	4.9
罗平县	Luoping	6.5	6.2	6.1	6.1	6.0
富源县	Fuyuan	10.3	10.5	10.5	10.7	10.6
会泽县	Huize	12.1	12.8	12.3	12.2	12.4
沾益县	Zhanyi	6.5	7.6	8.0	8.4	8.5
宣威市	Xuanwei	22.3	21.9	21.2	21.2	21.4
隆阳区	Longyang	7.4	7.5	8.0	8.7	8.7
腾冲市	Tengchong	5.4	5.6	5.8	6.0	6.0
昌宁县	Changning	4.0	4.7	4.9	5.3	5.3
昭阳区	Zhaoyang	4.0	4.6	4.5	4.1	4.1
镇雄县	Zhenxiong	6.1	5.4	5.5	5.7	5.6
禄丰县	Lufeng	4.4	4.2	4.5	4.5	4.6
蒙自市	Mengzi	3.2	4.0	4.2	4.5	4.5
建水县	Jianshui	6.9	6.9	7.3	7.8	7.9
石屏县	Shiping	4.3	4.9	5.2	5.3	5.3
弥勒市	Mile	4.2	4.8	4.9	4.9	4.9
泸西县	Luxi	3.6	3.9	4.2	4.2	4.3
丘北县	Qiubei	4.5	5.2	5.4	5.6	5.5
广南县	Guangnan	5.6	4.9	4.7	4.7	4.7
大理市	Dali	3.6	3.5	3.5	3.3	3.4

3-4 续表 2 Continued

项　目	Item	2012	2013	2014	2015	2016
生猪年末存栏数(万头)	**Number of Slaughtered Hogs (10000 heads)**	**1240.6**	**1294.9**	**1279.2**	**1283.1**	**1298.1**
宜良县	Yiliang	32.6	39.8	33.8	30.9	32.0
寻甸县	Xundian	36.9	40.2	39.9	39.8	40.1
麒麟区	Qilin	42.4	48.0	49.7	49.5	49.1
陆良县	Luliang	75.5	78.4	74.4	77.3	80.0
师宗县	Shizong	32.9	38.9	39.5	41.0	40.3
罗平县	Luoping	52.8	60.3	54.5	55.7	54.8
富源县	Fuyuan	63.9	64.6	65.5	65.6	64.3
会泽县	Huize	82.8	85.0	89.1	88.0	89.4
沾益县	Zhanyi	48.6	58.6	59.4	58.5	59.9
宣威市	Xuanwei	148.5	132.2	129.4	125.2	128.8
隆阳区	Longyang	73.0	69.8	70.9	72.2	73.6
腾冲市	Tengchong	49.7	53.9	54.1	54.6	55.8
昌宁县	Changning	41.9	46.2	46.6	46.8	47.0
昭阳区	Zhaoyang	40.7	42.7	41.5	41.8	41.9
镇雄县	Zhenxiong	51.2	53.3	54.6	54.8	54.2
禄丰县	Lufeng	42.8	38.7	37.9	38.4	40.6
蒙自市	Mengzi	31.7	38.7	39.1	41.0	40.5
建水县	Jianshui	51.7	53.8	54.9	55.9	57.2
石屏县	Shiping	39.6	44.1	46.6	46.8	47.1
弥勒市	Mile	39.0	48.9	47.0	47.7	48.3
泸西县	Luxi	35.9	39.4	37.2	37.6	37.7
丘北县	Qiubei	41.1	49.1	46.6	47.2	48.0
广南县	Guangnan	52.5	41.2	39.2	40.6	40.7
大理市	Dali	33.0	28.9	27.8	26.1	26.7

3-4 续表 3 Continued

项　目	Item	2012	2013	2014	2015	2016
能繁母猪存栏数(万头)	**Number of Slaughtered Hogs (10000 heads)**	**138.2**	**145.8**	**145.1**	**141.7**	**144.6**
宜良县	Yiliang	3.6	3.7	3.3	2.8	3.1
寻甸县	Xundian	4.7	4.6	4.4	4.1	4.2
麒麟区	Qilin	4.6	5.6	5.6	5.1	5.1
陆良县	Luliang	8.2	9.0	9.1	9.5	9.8
师宗县	Shizong	4.7	5.1	4.9	5.1	5.1
罗平县	Luoping	6.0	6.6	6.2	5.8	5.8
富源县	Fuyuan	7.7	8.2	8.3	8.0	8.0
会泽县	Huize	10.2	12.5	12.5	11.4	11.5
沾益县	Zhanyi	5.0	4.8	5.2	5.3	5.6
宣威市	Xuanwei	13.1	13.3	13.1	12.5	13.0
隆阳区	Longyang	8.8	7.6	7.6	7.3	7.5
腾冲市	Tengchong	4.8	4.9	4.9	5.2	5.5
昌宁县	Changning	4.4	4.5	4.6	4.7	4.9
昭阳区	Zhaoyang	4.7	5.0	4.7	4.2	4.3
镇雄县	Zhenxiong	5.8	7.5	7.5	7.5	7.4
禄丰县	Lufeng	4.7	4.3	4.7	4.8	5.1
蒙自市	Mengzi	3.4	3.8	3.8	4.1	4.1
建水县	Jianshui	5.0	5.2	5.2	5.3	5.5
石屏县	Shiping	5.0	4.9	5.0	4.9	5.0
弥勒市	Mile	4.5	4.9	5.0	5.1	5.2
泸西县	Luxi	3.9	4.5	4.6	4.7	4.7
丘北县	Qiubei	4.9	5.5	5.4	5.2	5.3
广南县	Guangnan	6.7	6.0	5.7	5.6	5.7
大理市	Dali	3.9	3.9	3.8	3.5	3.5

主要统计指标解释

粮食产量 指全社会的产量。包括国有经济经营的、集体统一经营的和农民家庭经营的粮食产量，还包括工矿企业办的农场和其他生产单位的产量。粮食除包括稻谷、小麦、玉米、高粱、谷子及其他杂粮外，还包括薯类和豆类。其产量计算方法，豆类按去豆荚后的干豆计算；薯类(包括甘薯和马铃薯，不包括芋头和木薯)1963 年以前按每 4 公斤鲜薯折 1 公斤粮食计算，从 1964 年开始改为按 5 公斤鲜薯折 1 公斤粮食计算。城市郊区作为蔬菜的薯类(如马铃薯等)按鲜品计算，并且不作粮食统计。其他粮食一律按脱粒后的原粮计算。1989 年以前全国粮食产量数据主要靠全面报表取得，1989 年开始使用抽样调查数据。

农作物播种面积 指实际播种或移植农作物的面积。凡是实际种植有农作物的面积，不论种植在耕地上还是种植在非耕地上，均包括在农作物播种面积中。在播种季节基本结束后，因遭灾而重新改种和补种的农作物面积，也包括在内。目前，农作物播种面积主要包括粮食、油料、棉花、麻类、糖料、烟叶、药材、蔬菜、瓜类和其他农作物等十大类。

猪、牛、羊肉产量 指当年出栏并已屠宰、除去头蹄下水后带骨肉(即胴体重)的重量。包括全社会范围内的产量。1996 年以前为全面统计并逐级上报数据。1996 年第一次农业普查以后，根据普查结果，对畜牧业主要年报数据进行了修正。1999 年以后，国家统计局在部分地区开展了猪、牛、羊、禽等主要畜禽品种的抽样调查，并用抽样数据作为国家定案数据使用。未开展抽样调查的地区和品种，仍使用各级统计部门逐级上报数据。2007 年，根据第二次农业普查结果，对 2000-2006 年畜牧业主要年报数据进行了修正。2008 年，建立了主要畜禽监测调查制度，猪、牛、羊、禽等主要畜禽数据均以抽样调查数为法定数据。

期初(末)畜禽存栏头(只)数 指报告期初(末)农村各种合作经济组织和国营农场、农民个人、机关、团体、学校、工矿企业、部队等单位以及城镇居民饲养的大牲畜、猪、羊、家禽等畜禽的存栏数。数据上报方式及数据调整情况同猪、牛、羊肉产量。

Explanatory Notes on Main Statistical Indicators

Grain Output refers to the total output of grains within the whole society, including the grain output of the state-owned economy, collective and unified and household management, but also the output of farms and other production units in the industrial and mining enterprises. Grains include rice, wheat, maize, sorghum, millet and other miscellaneous grain, but also tubers and legumes. Output of beans refers to dry beans without pods. The output of tubers (sweet potatoes and potatoes, not including taros and cassava) are converted into that of grain at the ratio 4:1, i.e. 4 kilograms of fresh tubers were equivalent to 1 kilogram of grain up to 1963. Since 1964 the ratio for conversion has been 5:1. Tubers supplied as vegetables (such as potatoes) in cities and suburbs are calculated as fresh vegetables and their output is not included in the output of grain. Output of other grain should be limited to husked grain only. Data on grain production before 1989 were obtained through the Comprehensive Statistical Reporting System. Since 1989, data from sample surveys are used.

Sown area of crops refers to the actual area of all land (cultivated or non-cultivated area) sown or transplanted with crops.After the end of the planting season, the re-replanting and replanting crops area due to natural disasters is also included. At present, the sown area of crops includes ten categories such as food, oil, cotton, hemp, sugar, tobacco, herbs, vegetables, melons and other crops and so on.

Output of Pork, Beef, and Mutton refers to the meat of slaughtered hogs, cattle, sheep and goats with head, feet, and offal taken away. Data refers to the production of the whole country. Before 1996, it was a comprehensive reporting from the lower level to the upper one. The First Agricultural Census of China in 1996 revealed some discrepancy between the production of animal products from the annual reports and that from the census. Efforts were made to adjust the output value of animal husbandry to make the figures from the annual reports consistent with the census data. Since 1999, the NBS conducted sample surveys for the major animal husbandry products, such as hogs, cattle, sheep and goats and fowls, and the data from sample surveys are used as national finalized data. Those products, which are not covered by the sample survey, are still reported by statistical agencies level by level. In 2007, the data on animal husbandry from 2000 to 2006 were revised according to the results of the Second Agriculture Census of China. In 2008, A Monitoring and Survey Program was set up on main livestock, the data on the main livestock such as hog, cattle, sheep and poultry became the official data based on the sampling survey.

Number of Livestock or Poultry in Stock at Beginning (or End) of Period refers to the total number of large animals, pigs, sheep, fowls, etc. raised by rural cooperative organizations, State farms, rural individuals, government agencies, schools, industrial and mining enterprises, army, and urban residents at the beginning (or end) of the reference period. Data reporting system and data adjustment are the same as that in the output of pork, beef and mutton.

专项调查

Chapter 4

Special Survey

简要说明

一、本篇资料的主要内容及统计范围

本篇资料反映专项调查情况，内容主要包括部分服务业调查、农村贫困监测调查、农村住户固定资产投资抽样调查等方面的统计资料。

二、本篇的资料来源及统计调查方法

1. 农村贫困监测调查。为全面、准确、及时反映贫困地区的贫困状况、变化趋势和扶贫成效，客观衡量居民收入和基本公共服务与全国平均水平的差距，掌握贫困地区的宏观经济背景和社会发展状况，评估宏观发展与专项扶贫的作用，为科学制定扶贫相关政策提供参考依据，国家统计局根据《中国农村扶贫开发纲要(2011-2020 年)》和五部委《关于进一步加强农村贫困监测工作的通知》（国统字〔2012〕21 号),开展国家农村贫困监测调查。国家农村贫困监测调查内容主要包括居民现金和实物收支情况、住户成员及劳动力从业情况、居民家庭住房和耐用消费品拥有情况、家庭经营和生产投资情况、社区基本情况、县（市）社会经济基本情况和到县扶贫项目实施情况、以及村和户的扶贫参与情况等。由两部分组成，即由收支与生活状况调查内容和贫困监测补充调查内容组成。国家农村贫困监测调查与住户收支与生活状况调查（即一体化住户调查）、县（市）社会经济统计共同构成国家农村贫困监测体系的主要数据来源。国家农村贫困监测调查和省（区、市）农村贫困监测调查，包括分市县贫困监测调查、省定扶贫重点县贫困监测调查，由国家统计局各调查总队负责、会同省（区、市）统计局共同实施。调查范围为《中国农村扶贫开发纲要（2011-2020 年）》确定的 14 个片区和扶贫重点县的农村地区。经国家统计局和省级人民政府批准，地方政府确定的扶贫重点区域也可根据本方案开展农村贫困监测调查。调查对象为调查范围内的县以及抽中行政村、农村住户及住户成员。

2. 农村住户固定资产投资抽样调查。根据《农村住户固定资产投资抽样调查方案》实施。其调查对象是调查村的住户。调查网点在住户收支与生活状况调查网点进行，农户投资从住户收支调查资料中取得，农户建房投资在住户收支调查小区所在的村调查所有建房户情况。根据农村固定资产调查的现实情况，本方案中的农户房屋建筑物、机器设备、器具等固定资产价值统计标准为 1000 元以上，使用年限为 2 年以上。调查内容包括：农户固定资产原值、农户固定资产资产投资完成情况、农户建房情况，以及农户固定资产投资的资金来源、投资构成及投资方向等。调查方法采用调查人员到调查村直接访问，并从住户收支与生活状况调查中取得调查户的基础数据。

3. 规模以下服务业抽样调查。规模以下服务业抽样调查是国家统计调查，由国家统计局在全国范围内统一组织实施。国家统计局云南调查总队按照国家统一下发的抽样程序抽取样本。国家统计局各州、市、县调查队根据国家统计局制定的规模以下服务业抽样调查统计报表制度，按照统一的统计范围、计算方法、统计口径直接从所抽中的规模以下服务业企业采集原始数据审核后上报国家统计局云南调查总队。国家统计局云南调查总队审核、查询原始数据后上报国家统计局。同时，按照国家统计局统一下发的数据处理程序进行本地区行业大类的数据推算工作。

调查目的是为反映我国规模以下服务业企业的经营状况、经营环境，为政府宏观经济政策提供参考依据。

调查范围：辖区内年末从业人员 50 人以下，且年营业收入 1000 万元以下的服务业样本法人单位。具体包括：交通运输、仓储和邮政业，信息传输、软件和信息技术服务业，租赁和商务服务业，科学研究和技术服务业，水利、环境和公共设施管理业，教育，卫生和社会工作；以及物业管理、房地产中介服务等行业。

辖区内年末从业人员 50 人以下，且年营业收入 500 万元以下的服务业样本法人单位。包括：居民服务、修理和其他服务业，文化、体育和娱乐业。

调查内容：调查内容包括规模以下服务业法人单位的基本情况，经营状况、经营环境、遇到的困难及建议等。

Brief Introduction

I. Main Contents and Statistical Scopes

The data in this chapter show the conditions of special surveys, including mainly Grain for Green Monitoring Survey, Part of Service Industry Survey, Rural Poverty Monitoring Survey and Investment in Fixed Assets of Rural Households Sample Survey.

II. Data Sources and Survey Methods

1. Grain for Green Monitoring Survey

In 2007, it was a national survey jointly organized by National Bureau of Statistics, National Development and Reform Commission, State Councils Office of the Leading Group for Western Region Development, State Forestry Administration, Ministry of Agriculture, Ministry of Finance and Ministry of Supervision. The purpose is to monitor and investigate the situation of the economic, social development, the operation of the project and the consolidation and implementation of the project of the Grain for Green Project counties, comprehensively understand the actual operation of the project, master the production and living conditions of the farmers of returning farmland, provide scientific basis for improving the policy of grain for green, and promoting the healthy development of the project.

2. Rural Poverty Monitoring Survey

National Bureau of Statistics, according to " China's Rural Poverty Alleviation and Development Program (2011-2020) "and the five ministries " The Notice about Further Strengthening the Rural Poverty Monitoring Work " (the national unified [2012] 21), conducts the National Rural Poverty Monitoring Survey. The survey is in order to comprehensively, accurately and timely reflect the poverty situation, changing trends and poverty alleviation effect, objectively measure the gap between the income and basic public service and the national average level, grasp the macro economic background and social development in poverty areas, evaluate the role of macro development and special poverty alleviation, provide reference and basis for scientifically making poverty alleviation policy. National rural poverty monitoring mainly includes residents' income and expenditure in cash and in kind, household members and labour employment, household housing and consumer good durable, family business and production investment, community basic situation, the basic situation of social economy of the county (city),the implementation of poverty alleviation projects in the county, as well as the participation of villages and households in poverty alleviation, etc. The survey is made up of two parts, the income and expenditure and living conditions survey and the poverty monitoring supplementary survey.

The main data sources of the national rural poverty monitoring system is the survey of the National Rural Poverty Monitoring Survey and the household income and expenditure and living conditions survey (i.e., the integrated household survey) and the counties' (cities') social and economic statistics. National Rural Poverty Monitoring Survey and the rural poverty monitoring survey in provinces (districts, cities), including the poverty survey in cities and counties, the poverty monitoring survey of key poverty alleviation counties in the provinces, is responsible by the National Bureau of Statistics Survey Corps, in conjunction with the provincial (district, city) statistical bureau. The survey scope is 14 areas and key poverty alleviation counties in rural areas determined in "China's Rural Poverty Alleviation and Development Program (2011-2020)". With the approval of the National Bureau of Statistics and the provincial people's government, the key areas of poverty alleviation by local governments can also conduct the rural poverty monitoring survey according to this plan. The object of the survey is the counties to investigate as well as the draw administrative villages, rural residents and residents.

3. Sample Survey of Fixed Assets Investment in Rural Households

Carrying out according to the "rural household investment in fixed assets sample survey plan". The object of the investigation is the residents of the village. And the survey sites are household income and expenditure and living conditions survey sites.

Household investment data obtained from the household income and expenditure survey data, Village inquiry agency has the data of housing households. According to the reality of rural fixed assets survey, the housing buildings, machinery and equipment, equipment and other fixed assets value of the housing buildings, machinery and equipment are over 1000 yuan and over 2 years. Survey content includes: original value of fixed assets of farmers, Completion in fixed assets investment of farmers, farmers housing situation, and the sources of funds for farmers' investment in fixed assets, investment structure and investment direction. Survey personnel visit to the village directly, and obtain the basic data of the household survey from the household income and expenditure survey.

4. A Brief Description of the Sample Survey of the Service Industry

The sample survey of service industry under designated size is a national survey, which is carried out by the National Bureau of statistics within the country. The NBS Survey Offices and the city and county Survey Offices collect raw data and report according to reporting system of the sample survey of service industry under designated size of the National Bureau of statistics, in accordance with unified statistical range, calculation method, statistical caliber of national. The purpose of this study is to reflect the operating conditions and the operating environment of the enterprises under designated size in our country and provide a reference for the government's macroeconomic policies.

Investigation scope: the staff within 50 at the end of the year, and the service industry sample legal entity with a annual business income under 10000000 yuan. Including: transportation, storage and postal services, information transmission, software and information technology services, leasing and business services, scientific research and technical services, water conservancy, environment and public facilities management, education, health and social work; and property management, real estate intermediary services and other industries.

The staff within 50 at the end of the year, and the service industry sample legal entity with a annual business income under 5000000 yuan. Including: resident services, repairs and other services, culture, sports and entertainment.

Content: the content of the survey includes the basic situation of the legal entity of the service industry, the management status, the business environment, the difficulties and suggestions.

4-1 2000-2010年农村贫困标准及贫困状况
RURAL POVERTY STANDARD AND STATUS(2000-2010)

年 份 Year	农村贫困标准(元/人) Rural Poverty Standard (yuan/person)		农村贫困人口(万人) Rural Poverty Population (10000 persons)		农村贫困发生率(%) Incidence Rate of Rural Poverty	
	贫困标准 (当年价) Poverty Standard (current prices)	低收入标准 (当年价) Low Income Standard (current prices)	贫困和低收入人口 Poverty and Low Income Population	贫困人口 Poverty Population	贫困和低收入人口比重 Proportion of Poverty and Low Income Population	贫困发生率 Poverty Incidence Rate
2000	625	865	1022.1	337.5	29.63	9.78
2001	630	872	981.9	273.4	28.35	7.89
2002	627	869	887.6	304.0	25.43	8.71
2003	637	882	820.3	275.4	23.37	7.84
2004	668	924	777.7	262.3	21.98	7.41
2005	683	944	737.8	248.4	20.68	6.96
2006	693	958	670.8	228.4	18.67	6.36
2007	785	1067	597.0	196.5	16.50	5.43
2008	895	1196	555.0	184.5	15.25	5.07
2009	976	1196	540.0	160.2	14.71	4.36
2010	986	1274	325.0	148.8	8.76	4.01

说明：1. 2000-2010年贫困标准为国家统计局依据《中国农村扶贫开发规划纲要(2000-2010)》要求制定的全国统一标准。
2. 2000-2010年贫困标准为625元(2000年价格水平)，2001-2010年每年根据物价水平调整。
3. 2000-2010年的低收入贫困标准为865元(2000年价格水平)，2001-2010年每年根据物价水平调整。

Note: 1. The rural poverty standard is the national unified standard established by the National Bureau of Statistics according to "China's rural poverty alleviation and development program (2000-2010)".
2. In 2000-2010，the rural poverty standard is 625 yuan(price level in 2000)，and every single years in 2001-2010 it adjusts according to the price level.
3. In 2000-2010，the low income standard is 865 yuan(price level in 2000)，and every single years in 2001-2010 it adjusts according to the price level.

4-2 2010-2016年农村扶贫新标准及贫困状况
THE NEW STANDARD OF RURAL POVERTY ALLEVIATION AND POVERTY STATUS (2010-2016)

年 份 Year	农村扶贫标准 (当年价，元/人) Rural Poverty Alleviation Standard (current price, yuan / person)	农村扶贫对象人口 (万人) Rural Population by Poverty Alleviation (10000 persons)	农村贫困发生率 (%) Incidence Rate of Rural Poverty (%)
2010	2300	1468	39.6
2011	2536	1014	27.1
2012	2625	804	21.6
2013	2736	661	17.7
2014	2800	574	15.5
2015	2855	471	12.7
2016	2952	373	10.1

说明：1. 本农村扶贫新标准为国家统计局依据《中国农村扶贫开发纲要(2011—2020年)》提出：“到2020年要稳定实现扶贫对象不愁吃、不愁穿，保障其义务教育、基本医疗和住房”的要求制定的全国统一标准。
2. 2010-2020年农村扶贫新标准为低于农民人均纯收入2300元(2000年价格水平)，2011-2020年每年根据物价水平调整。
3. 2011-2013年农村扶贫新标准的农民人均纯收入的当年价格水平分别为：2011年2536元，2012年2625元，2013年2736元。
4. 2014-2016年农村扶贫新标准的农民人均纯收入对应农村常住居民人均可支配收入的当年价格水平为：2800元、2855元、2952元。

Note: 1. The new standard of rural poverty alleviation is established by the National Bureau of Statistics according to "China's rural poverty alleviation and development program (2011 - 2020)" which proposes to guarantee the food,clothes,education,basic medical care and housing for the rural population.
2. The new standard for rural poverty alleviation in 2010-2020 is rural per capita net income under 2300 yuan (price level in 2000),and every single years in 2011-2020 it adjusts according to the price level.
3. In 2011-2013,the current price level of rural per capita net income in the new poverty alleviation standard are: 2536 yuan in 2011,2625 yuan in 2012 and 2736 yuan in 2013.
4. In 2014-2016,the current price level of the rural residents per capita disposable income is 2800 yuan、2855 yuan、2952 yuan.

4-3 国家贫困监测云南调查户和调查人口结构状况(2016年)
INVESTIGATION HOUSEHOLD AND POPULATION STRUCTURE IN YUNNAN (2016)

单位：%　　(%)

项　　目	Item	绝对数 Absolute Figures
期末调查户户均调查人口(人)	Per Household Investigation Members	4.19
期末调查户常住成员情况	Resident Members Status of Investigation Household	--
户均常住成员(人)	Per Household Resident Members (Person)	3.82
其中：在校学生人数(人)	Where: Students (Person)	0.87
性别	Gender	--
男性	Male	51.14
女性	Female	48.86
户口状况	Household Registration Status	
农业	Agriculture	97.67
非农业	Non-agriculture	2.07
其他	Others	0.26
15岁及以上常住成员受教育程度	Educational Status of Resident Population over 15	--
未上过学	No Schooling	10.79
小学	Primary Schools	47.03
初中	Junior Secondary Schools	30.37
高中	Senior Secondary School	7.92
大学专科	College Students	2.45
大学本科	Undergraduates	1.37
研究生	Postgraduates	0.07
调查户常住从业人员情况	Resident Employed Members Status of Investigation Household	--
户均常住从业人数(人)	Per Household Resident Members (Person)	2.40
就业状况	Employment Status	--
雇主	Employer	1.27
公职人员	Civil Servant	0.16
事业单位人员	Public Institution Employees	0.68
国有企业雇员	State-owned Business Employees	0.10
其他雇员	Other Employees	9.65
农业自营	Agriculture Self-management	83.22
非农自营	Non-agricultural Self-management	4.92
主要从事行业	Industry	--
第一产业	Primary Industry	82.36
第二产业	Secondary Industry	7.82
第三产业	Tertiary Industry	9.82
调查户户主文化程度	Educational Status of Investigation Household Head	--
未上过学	No Schooling	3.19
小学	Primary Schools	21.12
初中	Junior Secondary Schools	14.54
高中	Senior Secondary School	2.19
大学专科	College Students	0.37
大学本科	Undergraduates	0.06
研究生	Postgraduates	

4-4 贫困地区农村常住居民人均可支配收入(2016年)
PER CAPITA DISPOSABLE INCOME OF RURAL PERMANENT HOUSEHOLDS IN POVERTY AREA(2016)

单位：元 (yuan)

指　标	Indicator	2016
可支配收入	**Disposable Income**	**7847**
工资性收入	**Wages Income**	**2236**
工资	Wages	1652
实物福利	In-kind Welfare	1
其他	Other Wages Income	583
经营净收入	**Net Business Income**	**4311**
第一产业经营净收入	Net Business Income from Primary Industry	3658
1.农业	1.Agriculture	2562
2.林业	2.Forestry	205
3.牧业	3.Animal Husbandry	892
4.渔业	4.Fishery	0
第二产业经营净收入	Net Business Income from Secondary Industry	76
第三产业经营净收入	Net Business Income from Tertiary Industry	577
财产净收入	**Net Property Income**	**66**
利息净收入	Net Income of Interest	-6
红利收入	Bonus Income	4
储蓄性保险净收益	Net Income of Deposit Insurance	0
转让承包土地经营权租金净收入	Net Rental Income of Transferring Land Contracted Management Right	48
出租房屋净收入	Net Income of House Rental	8
出租其他资产净收入	Net Income of Other Rental	2
自有住房折算净租金	Converted Net Rent of Own Homes	0
其他	Others	12
转移净收入	Net Transferred Income	1233
转移性收入	Transferred Income	1434
1.养老金或离退休金	Annuities and Pensions	144
2.社会救济和补助	Social Relief and Assistance	312
3.惠农补贴	Agricultural Subsidies	123
4.政策性生活补贴	Policy-living Subsidy	88
5.报销医疗费	Reimbursement of Medical Expenses	107
6.外出从业人员寄回带回收入	Return Income from Family Members Working Outside	510
7.赡养收入	Alimony Income	118
8.其他经常转移收入	Others	33
转移性支出	Transferred Expenditure	201
1.个人所得税	Individual Income Tax	1
2.社会保障支出	Social Security Expenditure	176
3.外来从业人员寄给家人的支出	Expenditure of Migrant Workers Sending to Families	0
4.赡养支出	Alimony Expenditure	11
5.其他经常转移支出	Others	13

4-5 贫困地区农村常住居民人均消费支出(2016年)
PER CAPITA CONSUMPTION EXPENDITURE OF RURAL PERMANENT HOUSEHOLDS IN POVERTY AREA(2016)

单位：元 (yuan)

指　　标	Indicator	2016
消费支出	**Expenses on Consumption**	**6275**
食品烟酒	Foods, Alcohol and Tobacco	2477
食品	Food	1972
烟酒	Alcohol and Tobacco	365
饮料	Beverages	47
饮食服务	Food Services	93
衣着	Clothing	286
衣类	Clothes	201
鞋类	Shoes	85
居住	Residence	1119
租赁房房租	House Rent	7
住房维修及管理	Household Maintenance and Management	167
水电燃料及其他	Water, Electricity, Fuels and Others	247
自有住房折算租金	Imputed Rent of Private Housing	698
生活用品及服务	Supplies and Services	339
家具及室内装饰品	Furniture and Interior Decoration	62
家用器具	Household Appliances	79
家用纺织品	Household Textiles	27
家庭日用杂品	Household Articles for Daily Use	142
个人用品	Personal Supplies	24
家庭服务	Household Service	5
交通通信	Transport and Communications	760
交通	Transport	448
通信	Communications	311
教育文化娱乐	Cultural, Educational and Recreation	756
医疗保健	Health Care	474
其他用品及服务	Other Goods and Services	65

4-6 贫困地区农村常住居民人均食品消费数量(2016年)
PER CAPITA FOOD CONSUMPTION OF RURAL PERMANENT HOUSEHOLDS IN POVERTY AREA(2016)

单位：千克 (kg)

指　标	Indicator	2016
粮食	**Grain**	**153.99**
谷物	Cereals	142.01
薯类	Tubers	4.53
其中：马铃薯	Where: Potatoes	4.16
豆类	Beans	7.46
大豆	Soybean	1.38
其他豆类及制品	Other Beans and Products	6.08
食用油	Oil and Fats	5.56
食用植物油	Edible Vegetable Oil	3.69
食用动物油	Edible Animal Fats	1.88
蔬菜及食用菌	Vegetable and Mushroom	82.83
其中：鲜菜	Where: Fresh Vegetable	82.11
肉禽及制品	Meat, Poultry and Processed Products	35.80
肉类	Meat	29.02
其中：猪肉	Where: Pork	27.35
禽类	Poultry	6.78
其中：鸡	Where: Chicken	6.48
水产品	Aquatic Products	2.11
其中：鱼类	Where: Fish	1.99
蛋类	Eggs	4.13
其中：鲜蛋	Where: Fresh Eggs	4.09
奶类	Milk	1.84
其中：鲜奶	Where: Fresh Milk	0.86
其他奶制品	Other Milk Products	0.68
干鲜瓜果类	Dried and Fresh Melons and Fruits	17.41
其中：鲜瓜果	Where: Fresh Melons and Fruits	16.11
糖果糕点类	Confectionery	3.90
其中：食糖	Where: Sugar	1.23
糕点	Cake	1.62

4-7 贫困地区农户住房情况(2016年)
HOUSING CONDITIONS OF RURAL HOUSEHOLDS IN POVERTY AREA(2016)

单位：% (%)

指 标	Indicator	2016
人均住房建筑面积(平方米/人)	Per Capita Floor Space of Buildings(sq.m/person)	32.26
按居住空间样式分的户数比重	Percentage of Households by Living Space Style	—
单栋楼房	Pavilions Buildings	47.48
单栋平房	Pavilions Bungalow	38.10
单元房	Apartment	1.09
筒子楼或连片平房	Tube-shaped Apartment or Continuous Bungalow	1.23
其他	Others	12.10
按主要建筑材料分的户数比重	Percentage of Households by Main Building Materials	—
钢筋混凝土	Reinforced Concrete	17.34
砖混材料	Brick Material	21.19
砖瓦砖木	Brick and Tile Brick	38.68
竹草土坯	Bamboo Grass Adobe	4.94
其他	Others	17.85
按房屋来源分的户数比重	Percentage of Households by Housing Sources	—
租赁住房	Rental Housing	1.06
自建住房	Self-built Housing	96.89
购买商品房	Commercial Housing	0.23
购买房改住房	Housing Reform Housing	0.20
购买保障性住房	Indemnificatory Housing	0.05
拆迁安置房	Dismantling and Settling Building	0.75
继承或获赠住房	Inherited or Donated Building	0.49
其他	Others	0.34
住房外道路为硬化路面的户比重	Percentage of Households with Hardened Roads Outside	64.75

4-8　贫困地区农户家庭设施状况(2016年)
HOUSEHOLD EQUIPMENT OF RURAL HOUSEHOLDS IN POVERTY AREA (2016)

单位：%　　(%)

指　　标	Indicator	2016
饮用水状况	Drinking Water Conditions	—
是否有管道设施	Whether Having Piping Facilities Or Not	—
管道供水入户	Pipeline Water Supplied to Households	75.14
管道供水至公共取水点	Pipeline Water Supplied to Public Places	3.91
没有管道设施	No Pipe Facility	20.95
主要饮用水来源	Major Sources of Drinking Water	—
经过净化处理的自来水	Purified Treated Tap Water	25.86
受保护的井水和泉水	Protected Well Water and Spring Water	32.94
不受保护的井水和泉水	Unprotected Well Water and Spring Water	19.41
江河湖泊水	Rivers and Lakes Water	3.10
其他饮用水来源	Other Sources of Drinking Water	18.68
获取饮用水存在的主要困难	Main Difficulty in Obtaining Drinking Water	—
单次取水往返时间超过半小时	A Single Round Trip Time More Than Half An Hour	2.66
间断或定时供水	Intermittent or Regular Water Supply	7.47
当年连续缺水超过15天	Continuous Water Shortage More Than 15 Days One Year	11.11
获取饮用水无困难	No Difficulty to Get Drinking Water	78.76
饮用前家里采取的主要处理措施	Main Measures before Drinking at Home	—
煮沸	Boiled	67.94
加漂白剂/氯等	Plus Bleach /Chlorine, etc.	1.18
使用水过滤器	Use Water Filters	0.90
其他处理措施	Other Measures	3.17
没有任何水处理措施	No Measures	26.82
住宅内厕所状况	Residential Toilet Status	—
水冲式卫生厕所	Water Flush Toilet	8.94
水冲式非卫生厕所	Water-based Non-hygienic Toilet	2.02
卫生旱厕	Healthy Aqua Privy	7.98
普通旱厕	Ordinary Aqua Privy	71.14
无厕所	No Toilet	9.92
主要炊用能源	Main Cooking Energy	—
天然气、煤气、液化石油气	Natural Gas, Coal Gas, Liquefied Petroleum Gas	0.51
煤炭	Coal	11.32
电	Electricity	32.02
沼气	Biogas	1.51
其他	Others	54.64

4-9 贫困地区农村每百户耐用消费品拥有量(2016年)
NUMBER OF MAIN DURABLE CONSUMER GOODS PER 100 RURAL HOUSEHOLDS IN POVERTY AREA(2016)

单位：辆、台、部 (unit)

指 标	Indicator	2016
家用汽车	Motor Vehicles	12.94
摩托车	Motorcycles	77.23
电冰箱(柜)	Refrigerator	55.18
洗衣机	Washing Machine	74.09
热水器	Water Heater	57.80
其中：太阳能热水器	Where: Solar Water Heater	52.50
空调	Air Conditioner	1.12
彩色电视机	Color TV Set	101.49
摄像机	Video Camera	0.30
照相机	Camera	1.21
计算机	Computers	6.06
其中：接入互联网的计算机	Where: Computers Accessed to Internet	3.42
中高档乐器	High-grade Instrument	0.33
固定电话	Fixed-line Telephone	7.90
移动电话	Mobile Telephone	243.28
其中：接入互联网的移动电话	Where: Mobile Telephone Accessed to Internet	44.37

4-10 贫困地区农户“两不愁、三保障”状况(2016年)
"Two Not Worries, Three Guarantees" STATUS OF RURAL HOUSEHOLDS IN POVERTY AREA(2016)

单位：% (%)

指 标	Indicator	2016
自然村情况	**Natural Villages Status**	—
通电的自然村比重	Percentage Using Electricity	99.56
通电话的自然村比重	Percentage Using Telephones	99.13
通有线电视信号的自然村比重	Percentage with Cable TV Signals	65.61
通宽带的自然村比重	Percentage with Broadband	36.16
主干道路面经过硬化处理的自然村比重	Percentage with Hardened Main Road	59.02
通客运班车的自然村比重	Percentage with Transportation Vehicle	38.41
饮用水经过集中净化处理的自然村比重	Percentage with Concentrated Purified Treated Drinking Water	24.82
拥有畜禽集中饲养区的自然村比重	Percentage with Concentrated Livestock and Poultry	18.32
行政村文化教育卫生情况	**Culture Education Health Situation of Administrative Village**	—
有文化活动室的村比重	Percentage with Cultural Activity Room	82.36
拥有合法行医证医生/卫生员的村比重	Percentage with Licensed Doctor/ Health Worker	87.51

4-11 贫困地区农户生产生活条件(2016年)
CONDITIONS FOR AGRICULTURAL PRODUCTION OF RURAL HOUSEHOLDS IN POVERTY AREA(2016)

单位：% (%)

指 标	Indicator	2016
教育	**Education**	—
7-15岁非在校儿童比重	Percentage of 7-15 Years Old Non-School Children	2.21
16岁以上成员均未完成初中教育农户比重	Percentage of over16 Years Old Farmers without Finishing Junior High School Education	22.84
劳动力平均受教育年限(年)	Average Age of Labor (Years)	7.19
医疗	**Medical Care**	—
未参加医保人口比重	Percentage of People Not Participating	0.49
有病不能及时就医人口比重	Percentage of People Not Getting Timely Medical Care for Sick	9.37
报销医疗费占医疗总支出比重	Percentage of Reimbursement of Total Medical Expenditure	24.44
住房(及居住条件)	**Housing (And Living Conditions)**	—
居住竹草土坯房的农户比重	Percentage of Farmers Living In Bamboo Grass Adobe	4.45
无卫生厕所农户比重	Percentage of Farmers without Sanitary Latrines	80.62
饮用水困难的农户比重	Percentage of Farmers with Difficulties of Drinking Water	20.60
无电视机的农户比重	Percentage of Farmers without TV	3.06
无电话(含手机)的农户比重	Percentage of Farmers without Telephone (Including Mobile Phone)	0.47
使用管道水的农户比重	Percentage of Farmers Using Pipe Water	76.56
炊用清洁能源的农户比重	Percentage of Farmers Using Clean Energy	37.35
使用互联网的农户比重	Percentage of Farmers Using Internet	24.09
基础设施与公共服务	**Infrastructure And Public Service**	—
所在自然村不通公路的农户比重	Percentage of Farmers without Roads in the Natural Village	
所在自然村上小学不便利的农户比重	Percentage of Farmers not Convenient for Primary School in the Natural Village	16.68
所在自然村进村主干道路硬化的农户比重	Percentage of Farmers with Hardening Main Road in the Natural Village	88.30
所在自然村能便利乘坐公共汽车的农户比重	Percentage of Farmers Convenient for Bus in the Natural Village	47.63
所在自然村通宽带的农户比重	Percentage of Farmers with Broadband in the Natural Village	71.13
所在自然村上幼儿园便利的农户比重	Percentage of Farmers Convenient for Kindergarten in the Natural Village	73.74
所在自然村垃圾能集中处理的农户比重	Percentage of Farmers with Garbage Concentrated Processed in the Natural Village	37.15
所在自然村有卫生站的农户比重	Percentage of Farmers with Health Station in the Natural Village	84.75

4-12 贫困地区社区基础设施和基本公共服务情况(2016年)
COMMUNITY INFRASTRUCTURE AND BASIC PUBLIC SERVICES OF RURAL HOUSEHOLDS IN POVERTY AREA(2016)

单位：% (%)

指　标	Indicator	2016
社区通公路的户比重	Percentage of Households with Roads in the Community	7.88
社区能便利地乘坐公共汽车的户比重	Percentage of Households Convenient for Bus in the Community	3.60
社区通电的户比重	Percentage of Households Using Electricity in the Community	7.88
社区通电话的户比重	Percentage of Households Using telephones in the Community	7.87
社区能接收有线电视信号的户比重	Percentage of Households Receiving Cable TV Signals in the Community	7.43
社区饮用水经过了集中净化处理的户比重	Percentage of Households with Concentrated Purified Treated Drinking Water in the Community	2.46
社区主要饮用水水源无化学污染的户比重	Percentage of Households without Chemical Pollution of Main Drinking Water Sources in the Community	7.28
社区开通了管道燃气的户比重	Percentage of Households with Pipeline Gas in the Community	0.04
社区有集中供暖的户比重	Percentage of Households with Centralized Heating in the Community	0.02
按进社区道路状况分的户比重	Percentage of Households by Road Conditions in the Community	
水泥或柏油路面	Cement or Asphalt Pavement	5.18
沙石或石板等硬质路面	Sand or Stone and Other Hard Road	1.71
其他	Others	0.99
按社区内主要道路状况分的户比重	Percentage of Households by Main Road Conditions in the Community	
水泥或柏油路面	Cement or Asphalt Pavement	4.56
沙石或石板等硬质路面	Sand or Stone and Other Hard Road	2.04
其他	Others	1.28
社区主要道路有路灯的户比重	Percentage of Households with Street Lamps on the Main Roads in the Community	2.25
社区内垃圾能集中处理的户比重	Percentage of Households with Garbage Concentrated Processed in the Community	2.63
社区有健身器材的户比重	Percentage of Households with Fitness Equipments in the Community	0.93
社区有绿化园林景观的户比重	Percentage of Households with Green Garden Landscape in the Community	0.64
社区有卫生站(室)的户比重	Percentage of Households with Health Station (Room) in the Community	6.62
按上幼儿园便利程度分的户比重	Percentage of Households by the Degree of Convenience for Kindergarten	
社区内有，且便利	In the Community, and Convenient	4.18
社区内无，但入园较便利	Not in the Community, but Convenient	1.46
不便利	Not Convenient	2.23
按上小学便利程度分的户比重	Percentage of Households by the Degree of Convenience for Primary School	
社区内有，且便利	In the Community, and Convenient	5.31
社区内无，但入学较便利	Not in the Community, but Convenient	1.18
不便利	Not Convenient	1.38
社区本年度未发生盗窃或其他刑事案件的户比重	Percentage of Households without Pilferage or Other Criminal Cases within the Year in the Community	6.32
社区有安全保卫的户比重	Percentage of Households with Security Protection in the Community	1.56
行政村拥有合法行医证的医生的户比重	Percentage of Households with Licensed Doctors in the Administrative Village	6.93
行政村有合格接生员的户比重	Percentage of Households with Eligible Birth Attendants in the Administrative Village	4.01

4-13 2015-2016年扶贫重点县农村常住居民收入与消费情况
INCOME AND CONSUMPTION EXPENDITURE OF OF RURAL PERMANENT HOUSEHOLDS IN KEY COUNTIES FOR POVERTY ALLEVIATION (2015-2016)

单位：元 (yuan)

指　　标	Indicator	2015	2016
人均可支配收入	**Per Capita Disposable Income**	**6846**	**7635**
工资性收入	Income from Wages and Salaries	1917	2213
经营净收入	Net Business Income	3783	4078
财产净收入	Net Property Income	48	55
转移净收入	Net Transferred Income	1099	1289
人均消费支出	**Per Capita Annual Consumption Expenditure**	**5576**	**6105**
食品烟酒	Foods, Alcohol and Tobacco	2266	2466
衣着	Clothing	251	268
居住	Residence	982	1090
生活用品及服务	Supplies and Services	334	320
交通通信	Transportion and Communications	693	734
教育文化娱乐	Cultural, Educational and Recreation	560	718
医疗保健	Health Care	437	451
其他用品和服务	Other Goods and Services	51	57

4-14 2015-2016年云南集中连片特困地区农村常住居民收入与消费情况
INCOME AND CONSUMPTION EXPENDITURE OF OF RURAL PERMANENT HOUSEHOLDS IN SPECIAL POVERTY AREAS (2015-2016)

单位：元 (yuan)

指　　标	Indicator	2015	2016
人均可支配收入	**Per Capita Disposable Income**	**7046**	**7867**
工资性收入	Income from Wages and Salaries	1868	2182
经营净收入	Net Business Income	4045	4358
财产净收入	Net Property Income	57	65
转移净收入	Net Transferred Income	1076	1261
人均消费支出	**Per Capita Annual Consumption Expenditure**	**5696**	**6307**
食品烟酒	Foods, Alcohol and Tobacco	2271	2467
衣着	Clothing	264	284
居住	Residence	1009	1129
生活用品及服务	Supplies and Services	337	342
交通通信	Transportion and Communications	716	776
教育文化娱乐	Cultural, Educational and Recreation	588	759
医疗保健	Health Care	458	485
其他用品和服务	Other Goods and Services	53	65

4-15 2015-2016年乌蒙山云南片区农村常住居民收入与消费情况
INCOME AND CONSUMPTION EXPENDITURE OF OF RURAL PERMANENT HOUSEHOLDS IN WUMENG MOUNTAIN AREA(2015-2016)

单位：元 (yuan)

指　　标	Indicator	2015	2016
人均可支配收入	**Per Capita Disposable Income**	**7014**	**7905**
工资性收入	Income from Wages and Salaries	1888	2341
经营净收入	Net Business Income	3448	3706
财产净收入	Net Property Income	20	26
转移净收入	Net Transferred Income	1659	1832
人均消费支出	**Per Capita Annual Consumption Expenditure**	**5733**	**6266**
食品烟酒	Foods, Alcohol and Tobacco	2497	2769
衣着	Clothing	268	286
居住	Residence	1041	1092
生活用品及服务	Supplies and Services	307	292
交通通信	Transportion and Communications	495	518
教育文化娱乐	Cultural, Educational and Recreation	578	745
医疗保健	Health Care	508	510
其他用品和服务	Other Goods and Services	39	54

4-16 2015-2016年石漠化云南片区农村常住居民收入与消费情况
INCOME AND CONSUMPTION EXPENDITURE OF OF RURAL PERMANENT HOUSEHOLDS IN ROCKY DESERTIFICATION AREA (2015-2016)

单位：元 (yuan)

指　　标	Indicator	2015	2016
人均可支配收入	**Per Capita Disposable Income**	**7686**	**8302**
工资性收入	Income from Wages and Salaries	2040	2139
经营净收入	Net Business Income	4681	4667
财产净收入	Net Property Income	63	92
转移净收入	Net Transferred Income	902	1404
人均消费支出	**Per Capita Annual Consumption Expenditure**	**4967**	**6167**
食品烟酒	Foods, Alcohol and Tobacco	1963	2184
衣着	Clothing	276	318
居住	Residence	852	1173
生活用品及服务	Supplies and Services	306	322
交通通信	Transportion and Communications	627	960
教育文化娱乐	Cultural, Educational and Recreation	591	726
医疗保健	Health Care	313	425
其他用品和服务	Other Goods and Services	40	59

4-17 2015-2016年滇西边境山区农村常住居民收入与消费情况
INCOME AND CONSUMPTION EXPENDITURE OF OF RURAL PERMANENT HOUSEHOLDS IN BORDER AREA IN WESTERN YUNNAN(2015-2016)

单位：元 (yuan)

指 标	Indicator	2015	2016
人均可支配收入	**Per Capita Disposable Income**	**6943**	**7754**
工资性收入	Income from Wages and Salaries	1848	2131
经营净收入	Net Business Income	4174	4622
财产净收入	Net Property Income	71	78
转移净收入	Net Transferred Income	850	923
人均消费支出	**Per Capita Annual Consumption Expenditure**	**5848**	**6385**
食品烟酒	Foods, Alcohol and Tobacco	2282	2397
衣着	Clothing	263	277
居住	Residence	969	1131
生活用品及服务	Supplies and Services	358	375
交通通信	Transportion and Communications	830	863
教育文化娱乐	Cultural, Educational and Recreation	617	776
医疗保健	Health Care	466	492
其他用品和服务	Other Goods and Services	64	74

4-18 2015-2016年云南藏区农村常住居民收入与消费情况
INCOME AND CONSUMPTION EXPENDITURE OF OF RURAL PERMANENT HOUSEHOLDS IN YUNNAN TIBETAN AREA (2015-2016)

单位：元 (yuan)

指 标	Indicator	2015	2016
人均可支配收入	**Per Capita Disposable Income**	**6487**	**7088**
工资性收入	Income from Wages and Salaries	1536	1488
经营净收入	Net Business Income	3481	3501
财产净收入	Net Property Income	38	72
转移净收入	Net Transferred Income	1432	2028
人均消费支出	**Per Capita Annual Consumption Expenditure**	**5286**	**5185**
食品烟酒	Foods, Alcohol and Tobacco	1836	1976
衣着	Clothing	217	223
居住	Residence	1582	1289
生活用品及服务	Supplies and Services	286	211
交通通信	Transportion and Communications	576	554
教育文化娱乐	Cultural, Educational and Recreation	296	619
医疗保健	Health Care	469	304
其他用品和服务	Other Goods and Services	22	8

4-19 2015-2016年农户固定资产投资情况
FARMERS' INVESTMENT IN FIXED ASSETS(2015-2016)

单位：万元、万平方米 (10000 yuan,10000 square meters)

指 标	Indicator	2015	2016
本年新增固定资产原值	**A New Increase in Original Value of Fixed Assets This Year**	**4312253**	**4569110**
本年固定资产投资完成额	**Investment in Fixed Assets This Year**	**4312253**	**4569110**
按投资来源分	**According to the Source of Investment**		
国内贷款	Domestic Loans	11956	3710
自筹资金	Self-raising Funds	4209207	4498521
其他资金	Other Funds	91090	66879
按投资构成分	**According to the composition of investment**		
建筑工程	Architectural Engineering	3732488	3873993
其中：水利	Where: Water Conservancy	25560	39785
房屋	House	3678559	3761701
#住宅	Residential Buildings	3464790	3563790
安装工程	Installation engineering		
设备工器具购置	Purchase of Equipment and Instruments	300402	303646
其中：生产设备	Where: Production Equipment	300402	303646
其它	Others	279362	391470
按投资方向分	**According to the Investment Direction**		
农业	Agriculture	723301	768960
采矿业	Mining		
制造业	Manufacturing	6498	
电力、燃气及水的生产和供应业	Production and Distribution of Electricity, Gas and Water	20474	
建筑业	Construction	11597	13916
交通运输、仓储和邮政业	Transport, Storage and Post	58744	169820
信息传输、计算机服务和软件业	Information Transmission, Computer Services and Software		
批发和零售业	Wholesale and Retail Trades	6823	5972
住宿和餐饮业	Hotels and Catering Services	622	3586
房地产业	Real Estate	3468426	3563790
居民服务和其他服务业	Services to Households and Other Services	13593	37394
文化、体育和娱乐业	Culture, Sports and Entertainment		
租赁和商务服务业	Leasing and business services	2173	**5673**
按具体投资项目分	**According to Specific Investment Projects**		
房屋	Buildings	3678559	3761701
#住宅	Residential Buildings	3464790	3563790
设备	Facility	300402	303646
水利	Water Conservancy	25560	39785
其它	Others	307732	463978
本年施工房屋面积	Construction Area of This Year	5702	7323
其中：住宅	Where: Residential Buildings	4916	6366
其中：当年新开工	Where: New Start		
本年竣工房屋面积	Housing Area Completed This Year	4721	5777
其中：住宅	Where: Residential Buildings	4254	5195
本年竣工房屋投资完成额	Investment of Completion of housing this year	4660186	4927425
其中：住宅	Where:Residential Buildings	4253157	4506763

4-20　2015-2016年规模以下服务业企业主要经济指标
MAJOR INDICATORS FORSERVICES ENTERPRISES BELOW DESIGNATED SIZE(2015-2016)

单位：万元　　(10000yuan)

指　标	Indicator	2015	2016
规模以下服务业企业(推估数)	**Services Enterprises Below Designated Size**		
企业数(个)	Number of Enterprises(unit)	48441	55203
固定资产原价	Original Value of Fixed Assets	4455354	5590400
资产总计	Total Assets	15088222	16387684
负债合计	Total Liabilities	7863559	10411914
营业收入	Business Revenue	3941409	5262350
营业成本	Operating Costs	2206174	3277433
营业税金及附加	Operating Tax and Extra Charges	104908	87893
销售费用	Selling Expenses	332847	427537
管理费用	Management Expenses	1071547	1239284
财务费用	Financing Expenses	64166	132703
营业利润	Operating Profit	-42817	-160930
利润总额	Total Profits	-50886	-53043
应付职工薪酬(本年贷方累计发生额)	Wages Payable to Employees(The cumulative amount of credit in the year)	1267556	1458704
应交增值税	Value Added Tax Payable	50951	114279
从业人员平均人数(人)	Average Number of Employed Persons(person)	443012	487758

主要统计指标解释

农村扶贫标准 又称农村贫困线。指在一定的时间、空间和社会发展阶段的条件下，维持人们的基本生存所必需消费的物品和服务的最低费用。以农民人均纯收入表述。从国家统计局农村贫困及扶贫标准的制定历程看: 1990 年时利用“食物份额法”确定我国农村贫困线为 300 元。1995 年以来利用世行“马丁法”测算农村贫困线，2000 年测定农村贫困线为 625 元（2000 年价）（按购买力平价折算相当于 75 美分一天）。2000 年，根据国家扶贫规划（2001-2010）需要制定了低收入人口标准，低收入人口标准为 865 元（2000 年价）（按购买力平价折算相当于一美元一天）。2010 年，按照新阶段国家扶贫规划（2011-2020）“不愁吃，不愁穿，享受基本的住房、医疗和教育”高标准扶贫目标，在低收入人口标准的基础上，增加了温饱质量和非食物标准，确定新阶段农村扶持对象标准为 2300 元（2010 年价）。

农村贫困人口规模 也称农村贫困人口数量。是反映一个地区贫困规模状况的重要指标，也是安排扶贫项目资金的关键因素指标。农村贫困人口规模数据测算，是通过国家农村贫困监测住户及人口调查数据，首先测算出当年农村贫困发生率，再用农村贫困发生率乘以乡村人口得来。

农村贫困发生率 也称农村贫困人口比重指数。指农村贫困人口占乡村人口的百分比。是反映一个地区的贫困状况的广度指标，是贫困测量的核心指标。

贫困地区 云南省贫困地区包括 88 个县（区、市）， 一是国定集中连片特殊困难地区的 85 个县（区、市），二是 73 个国定扶贫开发重点县（区、市）中未纳入 85 个国定集中连片特殊困难地区中的 3 个县（区、市），分别是东川市、富源县和文山市。

扶贫开发重点县 是扶贫开发工作重点县的简称。是部分实施经济扶持的县级行政区特定称谓。2001 年国务院扶贫开发领导小组办公室根据《中国农村扶贫开发纲要(2001-2010 年)》要求，将云南省扶贫开发任务重、贫困人口相对集中的 73 个县(区、市），通过严格的资格认定，确定为国家级扶贫开发工作重点县。

集中连片特殊困难地区 简称集中连片特困地区或片区。是新阶段部分实施经济扶持的县级行政区特定称谓。2011 年，国务院授权发布《中国农村扶贫开发纲要（2011—2020 年）》明确指出: 国家将全国 14 个集中连片特困地区作为扶贫攻坚主战场。云南省集中连片特困地区，包括乌蒙山云南片区、滇西边境山区、滇桂黔石漠化区和云南藏区四大片区， 共 85 个县（区、市）。

乌蒙山区 指国家集中连片特困地区的乌蒙山区涉及云南省的 15 个县（区、市），分别是: 寻甸县、禄劝县、会泽县、宣威市、昭阳区、大关县、鲁甸县、巧家县、绥江县、盐津县、彝良县、永善县、威信县、镇雄县、武定县。

滇西边境山区 指集中连片特困地区的滇西边境山区，共 56 个县（区、市）。 分别是: 隆阳区、施甸县、龙陵县、昌宁县、玉龙县、永胜县、宁蒗县、宁洱县、墨江县、景东县、景谷县、镇沅县、江城县、孟连县、澜沧县、西盟县、临翔区、凤庆县、云县、永德县、镇康县、双江县、耿马县、沧源县、双柏县、牟定县、南华县、大姚县、姚安县、永仁县、泸水县、福贡县、贡山县、兰坪县、勐海县、勐腊县、漾濞县、祥云县、宾川县、弥渡县、南涧县、巍山县、永平县、云龙县、洱源县、剑川县、鹤庆县、芒市、梁河县、盈江县、陇川县、石屏县、元阳县、红河县、金平县、绿春县。

石漠化区 指集中连片特困地区的滇黔桂石漠化区，共 11 个县（区、市）。分别是: 泸西市、屏边县、西畴县、富宁县、广南县、麻栗坡、马关县、丘北县、砚山县、师宗县、罗平县 。

云南藏区 指国家集中连片特困地区的四省藏区中涉及云南的迪庆藏族自治州的 3 个县，发别是: 香格里拉县、德钦县、维西县。

“两不愁、三保障” 《中国农村扶贫开发纲要(2011—2020 年)》提出，到 2020 年我国扶贫开发针对扶贫对象的总体目标是："稳定实现扶贫对象不愁吃、不愁穿，保障其义务教育、基本医疗和住房"，简称"两不愁、三保障"。2015 年 11 月召开的中央扶贫开发工作会议强调，"十三五"期间脱贫攻坚的目标是，到 2020 年稳定实现农村贫困人口不愁吃、不愁穿，农村贫困人口义务教育、基本医疗、住房安全有保障；同时实现贫困地区农民人均可支配收入增长幅度高于全国平均水平、基本公共服务主要领域指标接近全国平均水平。

Explanatory Notes on Main Statistical Indicators

Rural Poverty Alleviation Standard also known as rural poverty line. Refers to the lowest cost of goods and services that are essential for the maintenance of the basic existence of people in the condition of a certain period of time, space and social environment. Take per capita net income of farmers for example. According to the development of the rural poverty and poverty alleviation standards of the National Bureau of Statistics: In 1990, "food share method" determined that the rural poverty line is 300 yuan. Since 1995, the NBS use "Martin act" of the world bank to measure the rural poverty line, and in 2000, the poverty line is 625 yuan (price in 2000) (equivalent to 75 cents a day at purchasing power parity). In 2000, According to the national poverty alleviation program (2001-2010), a low income population standard is formulated, low-income population standards is 865 yuan (price in 2000) (equivalent to a dollar a day at purchasing power parity)). In 2010, according to object of aid-poor with high standards “not worrying about food, clothing, and enjoying compulsory education, Basic medical care and housing” of China's rural poverty alleviation and development program (2011 - 2020) in the new stage, on the basis of low income population standards, increase the quality of food and non food standards, determine the new phase of rural support object standard is 2300 yuan (price in 2010).

The Scale of the Rural Poverty Alleviation is also called the number of rural poor. It is an important indicator of the scale of a region's poverty, but also a key factor in the arrangement of the anti-poverty project funds. The scale of the rural poor population is estimated through the National Rural Poverty Monitoring households and population survey data, where, the rural poverty rate of the year multiplied by the rural population.

The Incidence Rate of Rural Poverty is also called the proportion of poor rural population. Refers to the percentage of the poor in rural areas. It is a broad indicator of the poverty situation in a region, and a key indicator of poverty measurement.

Poverty-Stricken Areas Poverty-stricken areas in Yunnan Province include 88 counties (districts and cities). The one are the 85 counties (districts and cities) in special poverty areas, and the other are the 3 counties (districts and cities), not including in the 85 special poverty areas of the 73 key counties (districts and cities) for poverty alleviation and development, which are respectively Dongchuan City, Fuyuan County and Wenshan City.

Key Counties for Poverty Alleviation and Development is short for key counties for poverty alleviation and development work. It is the specific title of part of county-level administrative regions with economic support. In 2001, the State Council Leading Group Office of Poverty Alleviation determined 73 counties (districts and cities) as the state-level key counties for poverty alleviation and development, according to the requirements of the "China Rural Poverty Alleviation and Development Program (2001-2010)" and strict qualification.

Special Poverty Areas Referred to as concentrated contiguous areas. It is the specific title of the county-level administrative regions with economic support in new stage. In 2011, the authorization of the State Council issued "China Rural Poverty Alleviation and Development Program (2011-2020)" clearly pointed out: make 14 special poverty areas as the main battlefield of the poverty alleviation. There are four special poverty areas in Yunnan Province including Wumeng Mountain Area, Border Area in Western Yunnan, Yunnan, Guangxi, Guizhou Desertification Areas and Yunnan Tibetan Area, in a total of 85 counties (districts and cities).

Wumeng Mountain Area refers to the special poverty areas of Wumeng Mountain area and covering 15 counties(districts and cities) in Yunnan Province, respectively are: Xundian County, Luquan County, Huize County, Xuanwei City, Zhaoyang District, Dahuan county, Ludian County, Qiaojia county, Suijiang County, Yanjin County, Yiliang County, Yongshan county, Weixin County, Zhenxiong County, Wuding county.

Border Area in Western Yunnan refers to the

special poverty areas of border area and covering 56 counties(districts and cities), respectively are: Longyang District, Shidian County, Longling County, Changning County, Yulong County, Yongsheng County, Ninglang County, Ninger County, Mojiang County, Jingdong County, Jinggu County, Zhenyuan County, Jiangcheng County, Menglian County, Lancang County, Ximeng County, Linxiang District, Fengqing County, Yun County, Yongde County, Zhenkang County, Shuangjiang County, Gengma County, Cangyuan County, Shuangbai County, Mouding County, Nanhua County, Dayao County, Yaoan County, Yongren County, Lushui County, Fugong County, Gongshan County, Lanping County, Menghai County, Mengla County, Yangbi County, Xiangyun County, Binchuan County, Midu County, Nanjian County, Weishan County, Yongping County, Yunlong County, Eryuan County, Jianchuan County, Heqing County, Mang City, Lianghe County, Yingjiang County, Longchuan County, Shiping County, Yuanyang County, Honghe County, Jinping County, Lvchun county.

Rocky Desertification Area refers to the special poverty areas of rocky desertification areas in Yunnan, Guizhou and Guangxi, covering 11 counties (districts and cities), respectively are: Luxi County, Pingbian County, Xichou County, Funing County, Guangnan County, Malipo, Maguan County, Qiubei County, Yanshan County, Shizong County, Luoping County.

Yunnan Tibetan Area refers to 3 counties in Diqing Tibetan Autonomous State of Tibetan area of 4 provinces of the special poverty areas in China, respectively are: Shangri-La County, Deqin County, Weixi county.

"Two Not Worries, Three Guarantees"

"China's Rural Poverty Alleviation and Development Program (2011-2020)" proposed that China's poverty alleviation and development targets for the overall goal of poverty alleviation by 2020 is: "realizing stably that poverty-stricken people do not worry about eating and wearing, enjoy compulsory education, basic medical care and housing ", referred to as "two not worries, three guarantees". The Central Poverty Alleviation and Development Work Conference, held in November 2015, stressed that the goal of tackling poverty during the 13th Five-Year Plan period is to achieve a steady realization of the rural poor population not worrying about eating and wearing, guaranteeing the compulsory education, basic medical care and housing security by 2020; at the same time, achieving per capita disposable income growth rate of farmers in poverty-stricken areas higher than the national average level, indicators of the main areas of basic public services close to the national average.

五 附　　录

Chapter 5

Appendix

附录1-1 全国及各地区居民人均可支配收入(2016年)
PER CAPITA DISPOSABLE INCOME OF HOUSEHOLDS BY PROVINCES (2016)

单位：元 (yuan)

地 区	Region	全体居民 All Households	城镇常住居民 Urban Household	农村常住居民 Rural Household
全 国	**Total**	**23821**	**33616**	**12363**
北 京	Beijing	52530	57275	22310
天 津	Tianjin	34074	37110	20076
河 北	Hebei	19725	28249	11919
山 西	Shanxi	19049	27352	10082
内蒙古	Inner Mongolia	24127	32975	11609
辽 宁	Liaoning	26040	32876	12881
吉 林	Jilin	19967	26530	12123
黑龙江	Heilongjiang	19838	25736	11832
上 海	Shanghai	54305	57692	25520
江 苏	Jiangsu	32070	40152	17606
浙 江	Zhejiang	38529	47237	22866
安 徽	Anhui	19998	29156	11720
福 建	Fujian	27608	36014	14999
江 西	Jiangxi	20110	28673	12138
山 东	Shandong	24685	34012	13954
河 南	Henan	18443	27233	11697
湖 北	Hubei	21787	29386	12725
湖 南	Hunan	21115	31284	11930
广 东	Guangdong	30296	37684	14512
广 西	Guangxi	18305	28324	10359
海 南	Hainan	20653	28453	11843
重 庆	Chongqing	22034	29610	11549
四 川	Sichuan	18808	28335	11203
贵 州	Guizhou	15121	26743	8090
云 南	**Yunnan**	**16720**	**28611**	**9020**
西 藏	Tibet	13639	27802	9094
陕 西	Shaanxi	18874	28440	9396
甘 肃	Gansu	14670	25693	7457
青 海	Qinghai	17302	26757	8664
宁 夏	Ningxia	18832	27153	9852
新 疆	Xinjiang	18355	28463	10183

附录1-2 全国及各地区居民人均消费支出(2016年)
PER CAPITA CONSUMPTION EXPENDITURE OF HOUSEHOLDS BY PROVINCES(2016)

单位：元 (yuan)

地 区	Region	全体居民 All Households	城镇常住居民 Urban Household	农村常住居民 Rural Household
全 国	**Total**	**17111**	**23079**	**10130**
北 京	Beijing	35416	38256	17329
天 津	Tianjin	26129	28345	15912
河 北	Hebei	14247	19106	9798
山 西	Shanxi	12683	16993	8029
内蒙古	Inner Mongolia	18072	22744	11463
辽 宁	Liaoning	19853	24996	9953
吉 林	Jilin	14773	19166	9521
黑龙江	Heilongjiang	14446	18145	9424
上 海	Shanghai	37458	39857	17071
江 苏	Jiangsu	22130	26433	14428
浙 江	Zhejiang	25527	30068	17359
安 徽	Anhui	14712	19606	10287
福 建	Fujian	20167	25006	12911
江 西	Jiangxi	13259	17696	9128
山 东	Shandong	15926	21495	9519
河 南	Henan	12712	18088	8587
湖 北	Hubei	15889	20040	10938
湖 南	Hunan	15750	21420	10630
广 东	Guangdong	23448	28613	12415
广 西	Guangxi	12295	17268	8351
海 南	Hainan	14275	19015	8921
重 庆	Chongqing	16385	21031	9954
四 川	Sichuan	14839	20660	10192
贵 州	Guizhou	11932	19202	7533
云 南	**Yunnan**	**11769**	**18622**	**7331**
西 藏	Tibet	9319	19440	6070
陕 西	Shaanxi	13943	19369	8568
甘 肃	Gansu	12254	19539	7487
青 海	Qinghai	14775	20853	9222
宁 夏	Ningxia	14965	20364	9138
新 疆	Xinjiang	14066	21229	8277

附录1-3 2012-2016年全国及各地区居民消费价格指数
CONSUMER PRICE INDICES BY PROVINCES (2012-2016)

(上年价格=100) (preceding year=100)

地 区	Region	2012	2013	2014	2015	2016
全 国	**Total**	**102.6**	**102.6**	**102.0**	**101.4**	**102.0**
北 京	Beijing	103.3	103.3	101.6	101.8	101.4
天 津	Tianjin	102.7	103.1	101.9	101.7	102.1
河 北	Hebei	102.6	103.0	101.7	100.9	101.5
山 西	Shanxi	102.5	103.1	101.7	100.6	101.1
内蒙古	Inner Mongolia	103.1	103.2	101.6	101.1	101.2
辽 宁	Liaoning	102.8	102.4	101.7	101.4	101.6
吉 林	Jilin	102.5	102.9	102.0	101.7	101.6
黑龙江	Heilongjiang	103.2	102.2	101.5	101.1	101.5
上 海	Shanghai	102.8	102.3	102.7	102.4	103.2
江 苏	Jiangsu	102.6	102.3	102.2	101.7	102.3
浙 江	Zhejiang	102.2	102.3	102.1	101.4	101.9
安 徽	Anhui	102.3	102.4	101.6	101.3	101.8
福 建	Fujian	102.4	102.5	102.0	101.7	101.7
江 西	Jiangxi	102.7	102.5	102.3	101.5	102.0
山 东	Shandong	102.1	102.2	101.9	101.2	102.1
河 南	Henan	102.5	102.9	101.9	101.3	101.9
湖 北	Hubei	102.9	102.8	102.0	101.5	102.2
湖 南	Hunan	102.0	102.5	101.9	101.4	101.9
广 东	Guangdong	102.8	102.5	102.3	101.5	102.3
广 西	Guangxi	103.2	102.2	102.1	101.5	101.6
海 南	Hainan	103.2	102.8	102.4	101.0	102.8
重 庆	Chongqing	102.6	102.7	101.8	101.3	101.8
四 川	Sichuan	102.5	102.8	101.6	101.5	101.9
贵 州	Guizhou	102.7	102.5	102.4	101.8	101.4
云 南	**Yunnan**	**102.7**	**103.1**	**102.4**	**101.9**	**101.5**
西 藏	Tibet	103.5	103.6	102.9	102.0	102.5
陕 西	Shaanxi	102.8	103.0	101.6	101.0	101.3
甘 肃	Gansu	102.7	103.2	102.1	101.6	101.3
青 海	Qinghai	103.1	103.9	102.8	102.6	101.8
宁 夏	Ningxia	102.0	103.4	101.9	101.1	101.5
新 疆	Xinjiang	103.8	103.9	102.1	100.6	101.4

附录1-4 2012-2016年全国及各地区商品零售价格指数
RETAIL PRICE INDICES BY PROVINCES (2012-2016)

(上年价格=100) (preceding year=100)

地 区	Region	2012	2013	2014	2015	2016
全 国	**Total**	**102.0**	**101.4**	**101.0**	**100.1**	**100.7**
北 京	Beijing	100.6	99.8	99.1	98.5	98.1
天 津	Tianjin	103.0	101.7	100.9	100.3	100.5
河 北	Hebei	102.2	102.2	101.0	100.2	101.2
山 西	Shanxi	101.8	101.8	100.6	99.3	100.5
内蒙古	Inner Mongolia	102.5	102.6	100.7	100.5	100.6
辽 宁	Liaoning	102.2	101.6	101.0	100.5	101.0
吉 林	Jilin	101.7	101.6	101.2	99.8	101.3
黑龙江	Heilongjiang	102.2	101.1	100.8	100.1	101.1
上 海	Shanghai	101.2	100.2	100.9	101.1	100.8
江 苏	Jiangsu	102.1	101.4	101.6	100.6	100.8
浙 江	Zhejiang	101.9	101.0	100.9	99.9	101.0
安 徽	Anhui	102.1	101.3	100.4	99.7	100.8
福 建	Fujian	101.8	101.1	101.1	99.9	100.7
江 西	Jiangxi	102.1	101.5	101.2	100.5	100.6
山 东	Shandong	101.6	101.4	101.0	100.2	101.3
河 南	Henan	102.3	101.9	101.0	99.8	100.3
湖 北	Hubei	102.6	101.8	100.9	100.5	100.8
湖 南	Hunan	101.7	101.7	101.2	99.9	101.0
广 东	Guangdong	102.2	101.0	101.4	99.6	100.8
广 西	Guangxi	102.3	101.2	101.4	100.1	100.4
海 南	Hainan	102.7	101.5	101.2	99.8	101.0
重 庆	Chongqing	101.6	101.8	100.9	100.2	101.3
四 川	Sichuan	101.6	101.7	100.6	100.2	100.8
贵 州	Guizhou	102.0	101.5	101.2	100.1	100.2
云 南	**Yunnan**	**102.4**	**102.6**	**101.6**	**100.8**	**100.7**
西 藏	Tibet	102.9	103.0	102.2	101.4	102.1
陕 西	Shaanxi	102.3	101.8	100.7	99.8	100.3
甘 肃	Gansu	102.6	102.6	101.7	101.0	100.9
青 海	Qinghai	102.1	102.7	101.5	101.0	100.4
宁 夏	Ningxia	101.0	102.4	100.9	100.1	100.7
新 疆	Xinjiang	103.3	103.3	101.7	99.6	100.5

附录1-5 2012-2016年全国及各地区工业生产者出厂价格指数
INDUSTRIAL PRODUCER PRICE INDICES BY PROVINCES (2012-2016)

(上年价格=100) (preceding year=100)

地 区	Region	2012	2013	2014	2015	2016
全 国	**Total**	**98.3**	**98.1**	**98.1**	**94.8**	**98.6**
北 京	Beijing	98.4	97.4	99.1	96.9	98.1
天 津	Tianjin	97.0	97.0	96.3	90.3	97.9
河 北	Hebei	94.7	96.6	95.2	89.1	99.9
山 西	Shanxi	94.5	90.7	91.4	87.7	96.8
内蒙古	Inner Mongolia	100.2	97.0	97.3	94.0	98.9
辽 宁	Liaoning	99.9	99.0	98.2	93.9	98.8
吉 林	Jilin	99.1	98.7	99.1	95.3	98.4
黑龙江	Heilongjiang	100.0	98.0	97.1	86.0	95.1
上 海	Shanghai	98.4	98.2	98.9	96.1	98.8
江 苏	Jiangsu	97.1	98.0	98.3	95.3	98.1
浙 江	Zhejiang	97.3	98.2	98.8	96.4	98.3
安 徽	Anhui	98.3	98.2	97.4	93.9	98.5
福 建	Fujian	98.7	98.4	98.6	97.0	99.1
江 西	Jiangxi	96.5	98.5	97.8	93.7	98.6
山 东	Shandong	98.4	98.4	98.4	95.2	98.5
河 南	Henan	99.4	98.5	98.1	95.4	99.0
湖 北	Hubei	100.3	99.2	98.4	96.7	99.0
湖 南	Hunan	99.1	98.5	98.4	96.3	98.9
广 东	Guangdong	99.5	98.8	98.9	96.8	99.4
广 西	Guangxi	97.8	98.2	98.4	97.0	99.1
海 南	Hainan	100.8	99.5	97.6	89.8	96.0
重 庆	Chongqing	99.9	98.0	98.3	97.2	98.6
四 川	Sichuan	98.6	98.7	98.7	96.4	98.9
贵 州	Guizhou	101.0	97.4	98.3	96.1	97.9
云 南	**Yunnan**	**97.9**	**97.5**	**97.8**	**94.9**	**97.6**
西 藏	Tibet	99.7	99.8	99.0	93.2	102.9
陕 西	Shaanxi	100.7	97.3	97.1	90.8	97.6
甘 肃	Gansu	96.8	96.9	96.7	87.0	94.9
青 海	Qinghai	96.9	97.0	96.1	93.1	98.5
宁 夏	Ningxia	97.4	96.0	96.3	93.7	99.1
新 疆	Xinjiang	96.9	96.5	96.2	82.4	94.5

附录1-6　2012-2016年全国及各地区工业生产者购进价格指数
PURCHASING PRICE INDICES FOR INDUSTRIAL PRODUCER BY PROVINCES (2012-2016)

(上年价格=100)　　(preceding year=100)

地 区	Region	2012	2013	2014	2015	2016
全 国	**Total**	**98.2**	**98.0**	**97.8**	**93.9**	**98.0**
北 京	Beijing	98.7	97.8	98.8	93.7	98.5
天 津	Tianjin	97.1	97.4	97.1	92.4	98.3
河 北	Hebei	96.2	97.6	95.6	90.3	98.3
山 西	Shanxi	98.1	95.5	96.2	93.1	98.1
内蒙古	Inner Mongolia	102.0	99.3	98.4	95.9	97.4
辽 宁	Liaoning	99.0	98.5	98.0	93.5	97.9
吉 林	Jilin	99.3	99.4	99.2	96.6	97.8
黑龙江	Heilongjiang	98.8	98.7	97.6	88.2	96.0
上 海	Shanghai	94.7	96.5	95.9	90.6	97.7
江 苏	Jiangsu	95.8	97.1	97.0	92.1	98.0
浙 江	Zhejiang	96.7	97.7	98.2	94.5	97.8
安 徽	Anhui	98.2	96.9	97.2	93.5	98.4
福 建	Fujian	97.7	98.4	98.3	96.1	98.0
江 西	Jiangxi	98.3	98.4	98.4	93.6	97.7
山 东	Shandong	99.2	98.4	98.2	95.0	98.0
河 南	Henan	99.2	99.3	98.4	95.4	99.2
湖 北	Hubei	98.9	98.2	97.8	92.8	98.3
湖 南	Hunan	100.1	98.4	97.9	94.5	98.0
广 东	Guangdong	99.5	98.2	98.8	95.3	98.0
广 西	Guangxi	99.2	98.9	98.2	95.7	98.3
海 南	Hainan	99.6	97.0	99.0	88.5	94.8
重 庆	Chongqing	99.5	97.6	98.1	97.1	98.4
四 川	Sichuan	100.0	99.2	98.7	96.7	98.8
贵 州	Guizhou	102.3	96.4	98.6	97.5	98.5
云 南	**Yunnan**	**99.3**	**98.8**	**99.0**	**96.9**	**95.9**
陕 西	Shaanxi	100.0	99.3	98.5	95.2	95.9
甘 肃	Gansu	98.7	97.8	97.6	87.0	94.6
青 海	Qinghai	98.6	98.8	97.6	97.7	96.2
宁 夏	Ningxia	99.5	97.0	97.0	92.1	96.9
新 疆	Xinjiang	97.9	97.8	97.5	84.3	95.5

附录1-7 2012-2016年全国及各地区固定资产投资价格指数

PRICE INDICES OF FIXED ASSET INVESTMENT BY PROVINCES(2012-2016)

(上年价格=100) (preceding year=100)

地 区	Region	2012	2013	2014	2015	2016
全 国	**Total**	**101.1**	**100.3**	**97.8**	**98.2**	**99.4**
北 京	Beijing	101.3	99.9	98.8	97.6	99.7
天 津	Tianjin	100.0	99.5	97.1	99.9	99.4
河 北	Hebei	100.3	99.9	95.6	98.0	99.4
山 西	Shanxi	101.2	100.5	96.2	98.2	100.0
内蒙古	Inner Mongolia	101.6	99.6	98.4	98.0	99.5
辽 宁	Liaoning	101.0	100.0	98.0	97.9	99.2
吉 林	Jilin	100.4	100.0	99.2	97.6	98.7
黑龙江	Heilongjiang	100.8	100.1	97.6	99.0	99.4
上 海	Shanghai	99.4	100.2	95.9	97.0	99.6
江 苏	Jiangsu	98.6	100.5	97.0	96.2	98.8
浙 江	Zhejiang	99.2	100.0	98.2	97.4	99.5
安 徽	Anhui	101.0	100.2	97.2	96.9	99.2
福 建	Fujian	100.3	100.1	98.3	98.3	100.0
江 西	Jiangxi	101.0	100.4	98.4	96.8	100.0
山 东	Shandong	100.8	100.4	98.2	97.7	99.1
河 南	Henan	101.0	99.9	98.4	97.6	99.2
湖 北	Hubei	101.8	100.5	97.8	99.4	100.1
湖 南	Hunan	101.7	101.3	97.9	100.4	100.4
广 东	Guangdong	101.5	101.4	98.8	99.0	100.3
广 西	Guangxi	100.6	100.1	98.2	98.8	99.5
海 南	Hainan	102.0	99.3	99.0	99.4	100.1
重 庆	Chongqing	101.8	100.5	98.1	98.2	98.9
四 川	Sichuan	101.0	100.4	98.7	97.9	99.8
贵 州	Guizhou	101.5	100.9	98.6	98.4	98.6
云 南	**Yunnan**	**101.0**	**101.1**	**99.0**	**99.1**	**100.1**
陕 西	Shaanxi	102.6	102.0	98.5	98.8	99.9
甘 肃	Gansu	102.1	100.4	97.6	97.7	98.7
青 海	Qinghai	102.2	101.5	97.6	98.2	99.6
宁 夏	Ningxia	101.5	99.8	97.0	97.5	99.6
新 疆	Xinjiang	100.6	100.5	97.5	98.3	99.9

附录1-8 2012-2016年全国及各地区农业生产资料价格指数
PRICE INDICES OF CAPITAL GOODS IN THE AGRICULTURAL SECTOR BY PROVINCES (2012-2016)

(上年价格=100) (preceding year=100)

地 区	Region	2012	2013	2014	2015	2016
全 国	**Total**	**105.6**	**101.4**	**99.1**	**100.4**	**100.1**
河 北	Hebei	108.2	101.1	99.1	99.8	100.0
山 西	Shanxi	105.4	102.5	99.2	99.6	99.8
内蒙古	Inner Mongolia	104.9	103.5	99.9	98.7	96.4
辽 宁	Liaoning	106.9	99.9	98.9	99.5	100.4
吉 林	Jilin	106.8	100.8	95.1	100.2	97.4
黑龙江	Heilongjiang	107.8	104.1	100.3	101.3	100.0
江 苏	Jiangsu	104.6	102.4	100.2	99.6	99.9
浙 江	Zhejiang	104.2	102.8	99.8	100.9	99.5
安 徽	Anhui	105.3	100.9	99.8	101.6	99.4
福 建	Fujian	103.3	99.5	99.3	101.4	100.2
江 西	Jiangxi	106.6	102.4	99.6	101.4	101.3
山 东	Shandong	105.9	101.2	99.5	99.3	98.9
河 南	Henan	105.4	101.3	97.9	100.3	100.8
湖 北	Hubei	107.2	103.1	97.9	100.4	100.3
湖 南	Hunan	104.7	102.3	100.2	104.1	101.7
广 东	Guangdong	104.0	99.7	99.9	101.2	102.0
广 西	Guangxi	103.9	99.9	98.9	100.9	100.7
海 南	Hainan	10.3	101.0	105.3	101.6	100.1
四 川	Sichuan	104.7	101.5	98.8	101.5	103.7
贵 州	Guizhou	100.7	99.0	99.0	103.1	103.0
云 南	**Yunnan**	**104.6**	**100.1**	**98.4**	**101.1**	**102.8**
西 藏	Tibet	101.6	101.8	100.9	99.7	100.4
陕 西	Shaanxi	105.4	102.6	100.9	100.6	99.7
甘 肃	Gansu	105.2	102.1	99.0	98.6	99.9
青 海	Qinghai	108.7	104.3	99.8	100.8	101.5
宁 夏	Ningxia	107.6	101.6	96.9	98.7	98.3
新 疆	Xinjiang	106.2	102.6	97.7	98.6	98.2

附录1-9 全国及各地区居民消费价格分类指数(2016年)
CONSUMER PRICE INDICES BY CATEGORY AND PROVINCES (2016)

(上年价格=100) (preceding year=100)

地 区	Region	总指数 Total Index	食品烟酒	衣着 Clothes	居住 Housing	生活用品及服务	交通和通信 Transport and Communi-cations	教育文化和娱乐	医疗保健	其他用品和服务
全 国	**Total**	**102.0**	**103.8**	**101.4**	**101.6**	**100.5**	**98.7**	**101.6**	**103.8**	**102.8**
北 京	Beijing	101.4	103.0	100.2	103.7	99.2	96.6	98.3	102.6	104.3
天 津	Tianjin	102.1	102.1	100.1	103.6	99.4	98.3	100.6	108.8	103.8
河 北	Hebei	101.5	102.6	101.8	100.7	100.5	98.3	101.3	104.4	103.3
山 西	Shanxi	101.1	102.8	101.0	99.9	100.0	98.3	101.3	102.4	101.2
内蒙古	Inner Mongolia	101.2	102.2	101.4	100.0	100.1	98.9	100.7	104.4	101.8
辽 宁	Liaoning	101.6	102.5	101.4	100.5	100.7	99.8	102.8	102.5	101.6
吉 林	Jilin	101.6	103.2	101.8	99.7	100.5	98.7	100.6	106.1	102.2
黑龙江	Heilongjiang	101.5	102.6	101.0	100.0	100.4	100.0	101.7	103.7	102.1
上 海	Shanghai	103.2	103.7	100.8	105.1	101.2	97.0	102.7	109.0	103.3
江 苏	Jiangsu	102.3	103.8	101.8	101.2	101.6	98.8	100.9	109.1	102.7
浙 江	Zhejiang	101.9	104.4	101.5	101.0	100.2	98.7	102.7	101.3	102.5
安 徽	Anhui	101.8	103.7	100.8	101.1	100.2	97.6	102.3	103.6	102.3
福 建	Fujian	101.7	103.9	100.3	100.7	99.8	99.4	101.2	102.9	102.5
江 西	Jiangxi	102.0	104.4	100.9	101.0	100.1	98.8	101.5	102.7	102.6
山 东	Shandong	102.1	103.6	101.7	100.9	100.8	99.6	101.9	104.9	102.9
河 南	Henan	101.9	103.2	100.7	102.2	100.2	98.3	102.4	102.8	103.9
湖 北	Hubei	102.2	104.0	102.3	102.8	100.4	97.2	102.2	101.9	102.8
湖 南	Hunan	101.9	104.3	101.5	101.2	100.0	98.4	100.8	103.1	101.6
广 东	Guangdong	102.3	104.8	102.7	101.7	100.2	98.5	101.4	102.8	102.8
广 西	Guangxi	101.6	103.4	101.3	100.3	99.9	98.8	101.6	103.7	101.9
海 南	Hainan	102.8	105.1	97.9	102.6	100.8	98.5	103.0	104.4	103.6
重 庆	Chongqing	101.8	103.6	102.4	101.1	100.6	100.6	99.5	101.8	102.6
四 川	Sichuan	101.9	104.1	100.6	101.2	100.3	98.6	102.5	101.6	102.9
贵 州	Guizhou	101.4	103.6	99.6	100.8	99.9	98.7	101.3	101.5	101.0
云 南	**Yunnan**	**101.5**	**103.5**	**100.2**	**101.2**	**100.0**	**99.3**	**100.7**	**102.4**	**101.3**
西 藏	Tibet	102.5	104.9	103.2	100.8	101.5	99.5	101.1	102.1	103.1
陕 西	Shaanxi	101.3	103.1	101.1	100.9	99.5	98.3	100.0	102.4	102.2
甘 肃	Gansu	101.3	103.2	101.4	100.8	100.4	99.0	100.0	100.8	101.5
青 海	Qinghai	101.8	102.3	101.2	105.2	100.4	97.3	100.6	102.6	102.4
宁 夏	Ningxia	101.5	102.4	101.7	100.4	100.3	98.6	102.2	102.9	103.2
新 疆	Xinjiang	101.4	101.9	101.3	101.2	100.6	99.3	101.6	102.7	103.1

附录1-10 全国及各地区商品零售价格分类指数(2016年)
RETAIL PRICE INDICES BY CATEGORY AND PROVINCES(2016)

(上年价格=100) (preceding year=100)

地区	Region	总指数 General Index	食品 Food	饮料烟酒 Beverages, Tobacco and Liquor	服装鞋帽 Garments, Shoes and Hats	纺织品 Textiles	家用电器及音像器材 Household Appliances, Music and Video Equipment	文化办公用品 Cultural and Office Appliances	日用品 Articles for Daily Use	体育娱乐用品 Sports and Recreation Articles
全国	**Total**	**100.7**	**103.9**	**101.2**	**101.3**	**100.5**	**98.2**	**98.9**	**100.2**	**100.4**
北京	Beijing	98.1	103.2	100.8	100.5	95.5	94.0	95.1	99.1	100.5
天津	Tianjin	100.5	102.3	101.1	100.0	101.2	98.5	100.3	99.6	102.1
河北	Hebei	101.2	102.8	101.7	101.6	99.7	100.1	100.2	100.4	100.2
山西	Shanxi	100.5	102.9	101.4	100.9	100.0	98.6	98.9	100.3	100.9
内蒙古	Inner Mongolia	100.6	102.7	101.5	101.6	100.3	98.6	101.1	100.0	98.9
辽宁	Liaoning	101.0	102.9	101.7	101.3	99.9	98.3	100.4	100.2	100.0
吉林	Jilin	101.3	103.2	101.5	101.3	99.7	98.9	98.5	100.4	100.6
黑龙江	Heilongjiang	101.1	102.7	101.0	101.1	101.7	97.8	102.4	100.6	100.8
上海	Shanghai	100.8	104.1	102.0	100.7	102.4	99.2	103.2	100.4	99.5
江苏	Jiangsu	100.8	104.2	101.0	102.0	101.6	99.5	97.9	101.0	100.7
浙江	Zhejiang	101.0	104.7	101.8	101.5	99.7	98.5	98.4	99.9	99.7
安徽	Anhui	100.8	104.1	101.1	100.8	100.4	98.5	98.8	100.3	101.3
福建	Fujian	100.7	104.4	101.2	100.3	100.1	96.4	98.8	100.0	100.4
江西	Jiangxi	100.6	105.2	101.2	100.5	99.3	97.8	100.6	99.9	100.7
山东	Shandong	101.3	104.0	101.5	101.8	101.3	99.9	98.8	100.0	100.7
河南	Henan	100.3	103.4	100.0	100.6	100.1	95.6	100.7	100.2	100.1
湖北	Hubei	100.8	104.7	101.3	101.9	101.1	98.0	99.7	100.7	101.5
湖南	Hunan	101.0	104.4	100.8	101.6	100.4	100.0	99.8	100.4	99.8
广东	Guangdong	100.8	104.8	100.9	102.8	101.7	96.2	97.8	100.0	100.3
广西	Guangxi	100.4	103.9	100.8	102.1	101.3	98.1	99.8	99.5	100.8
海南	Hainan	101.0	105.6	102.0	96.8	99.3	98.1	99.6	100.7	101.4
重庆	Chongqing	101.3	104.0	99.9	102.4	101.1	97.9	102.4	99.6	100.0
四川	Sichuan	100.8	104.5	100.8	100.1	99.8	98.9	96.2	99.7	99.8
贵州	Guizhou	100.2	104.2	100.5	99.8	99.9	98.2	98.9	100.0	100.3
云南	**Yunnan**	**100.7**	**103.8**	**101.9**	**100.0**	**99.8**	**98.3**	**98.9**	**101.4**	**99.0**
西藏	Tibet	102.1	105.2	101.8	102.1	102.1	99.9	100.7	100.7	101.2
陕西	Shaanxi	100.3	103.2	100.8	101.3	98.0	94.4	96.6	100.6	100.4
甘肃	Gansu	100.9	103.0	100.9	101.5	100.3	98.6	100.0	100.2	102.5
青海	Qinghai	100.4	102.2	101.1	100.8	108.0	97.1	99.0	102.0	100.3
宁夏	Ningxia	100.7	102.5	101.1	101.9	102.3	97.9	99.5	100.5	101.1
新疆	Xinjiang	100.5	102.1	101.6	100.6	99.3	99.7	99.2	99.2	102.2

附录1-10 续表 Continued

(上年价格=100) (preceding year=100)

地 区	Region	交通、通信用品 Transport and Communication Appliances	家具 Furniture	化妆品 Cosmetics	金银珠宝 Gold, Silver and Jewelry	中西药品及医疗保健用品 Traditional Chinese and Western Medicines and Health Care Articles	书报杂志及电子出版物 Books, Newspapers, Magazines and Electronic Publications	燃料 Fuels	建筑材料及五金电料 Building Materials and Hardware
全 国	**Total**	**97.8**	**100.7**	**101.1**	**106.8**	**104.1**	**101.3**	**97.0**	**100.3**
北 京	Beijing	90.9	101.3	103.4	111.2	104.0	101.3	96.7	101.0
天 津	Tianjin	99.5	98.2	100.7	112.8	101.3	102.3	96.9	99.8
河 北	Hebei	97.2	100.1	101.7	105.5	107.2	102.7	100.6	100.5
山 西	Shanxi	98.1	99.7	100.6	101.1	104.7	101.0	97.9	99.5
内蒙古	Inner Mongolia	99.3	100.1	101.1	105.0	102.7	100.6	96.5	99.5
辽 宁	Liaoning	99.3	101.4	101.4	103.5	104.0	101.3	99.2	99.9
吉 林	Jilin	99.6	102.2	100.8	104.3	108.5	101.0	98.4	100.5
黑龙江	Heilongjiang	100.5	100.1	101.3	106.6	104.2	101.2	97.3	100.0
上 海	Shanghai	97.1	100.1	99.4	107.4	111.0	101.1	95.6	99.6
江 苏	Jiangsu	99.6	101.3	102.0	105.9	99.0	100.5	96.8	100.2
浙 江	Zhejiang	97.8	100.2	100.9	108.4	103.8	105.2	96.7	100.3
安 徽	Anhui	97.2	100.1	101.4	105.1	105.4	101.4	98.0	100.6
福 建	Fujian	98.4	100.2	100.8	109.1	104.0	102.0	96.5	100.1
江 西	Jiangxi	96.6	100.4	100.5	101.6	103.3	100.7	96.7	100.1
山 东	Shandong	99.4	101.8	100.5	106.9	103.2	102.2	98.2	100.4
河 南	Henan	95.8	100.9	101.2	106.0	106.1	101.8	96.6	100.5
湖 北	Hubei	95.3	100.6	102.0	107.3	103.4	99.5	96.4	101.3
湖 南	Hunan	98.2	100.4	100.0	106.3	103.4	100.2	96.9	100.2
广 东	Guangdong	97.7	101.7	100.1	107.7	106.3	99.9	95.7	100.7
广 西	Guangxi	97.4	99.8	100.3	105.8	103.6	100.4	92.8	100.3
海 南	Hainan	95.9	100.8	102.8	109.6	106.2	100.5	97.8	97.4
重 庆	Chongqing	99.6	103.0	100.9	109.5	104.3	100.0	98.1	100.3
四 川	Sichuan	97.4	99.3	101.7	106.3	104.2	102.1	98.5	99.8
贵 州	Guizhou	97.6	100.0	100.6	106.6	101.5	99.9	96.1	99.8
云 南	**Yunnan**	**99.2**	**99.9**	**102.5**	**102.6**	**103.3**	**100.1**	**96.1**	**99.8**
西 藏	Tibet	99.9	101.6	101.0	107.0	106.4	100.1	96.9	102.3
陕 西	Shaanxi	97.3	97.8	102.0	107.9	104.5	101.2	97.4	99.8
甘 肃	Gansu	99.5	100.7	100.6	103.7	102.5	100.4	97.1	100.0
青 海	Qinghai	93.7	89.6	100.1	109.9	104.9	100.5	98.1	102.6
宁 夏	Ningxia	97.0	99.3	101.2	105.9	101.2	102.3	97.9	100.8
新 疆	Xinjiang	98.9	101.6	100.7	105.4	101.7	100.3	97.4	99.4

附录1-11 全国及各地区固定资产投资价格指数(2016年)
PRICE INDICES OF FIXED ASSET INVESTMENT BY PROVIONCES(2016)

(上年价格=100) (preceding year=100)

地区	Region	固定资产投资价格指数 Price Index for Investment in Fixed Assets	设备、工器具购置 Purchase of Equipment and Instruments	建筑安装工程 Construction and Installation	其他费用 Other Expenses
全国	**Total**	**99.4**	**98.9**	**99.4**	**100.5**
北京	Beijing	99.7	99.0	98.8	100.7
天津	Tianjin	99.4	98.8	98.9	101.2
河北	Hebei	99.4	98.7	99.4	100.8
山西	Shanxi	100.0	98.9	100.5	99.9
内蒙古	Inner Mongolia	99.5	98.9	99.6	100.6
辽宁	Liaoning	99.2	98.8	99.1	100.9
吉林	Jilin	98.7	98.7	98.6	100.0
黑龙江	Heilongjiang	99.4	99.0	99.4	100.7
上海	Shanghai	99.6	99.7	99.3	100.2
江苏	Jiangsu	98.8	98.7	98.3	102.1
浙江	Zhejiang	99.5	98.9	99.3	100.5
安徽	Anhui	99.2	98.5	99.3	100.2
福建	Fujian	100.0	100.0	99.8	100.7
江西	Jiangxi	100.0	98.7	100.3	100.5
山东	Shandong	99.1	98.7	99.1	100.0
河南	Henan	99.2	98.6	99.1	100.7
湖北	Hubei	100.1	99.1	100.2	100.7
湖南	Hunan	100.4	99.4	100.7	100.7
广东	Guangdong	100.3	99.3	100.4	100.7
广西	Guangxi	99.5	99.4	99.4	100.0
海南	Hainan	100.1	98.9	100.4	99.6
重庆	Chongqing	98.9	98.8	98.5	100.6
四川	Sichuan	99.8	98.9	100.1	99.8
贵州	Guizhou	98.6	99.2	98.3	100.9
云南	**Yunnan**	**100.1**	**98.6**	**100.1**	**101.0**
陕西	Shaanxi	99.9	98.9	99.8	101.3
甘肃	Gansu	98.7	99.4	98.5	100.4
青海	Qinghai	99.6	99.1	99.6	101.0
宁夏	Ningxia	99.6	99.0	99.5	100.8
新疆	Xinjiang	99.9	99.3	99.9	101.7

附录1-12 全国及各地区农业生产资料价格分类指数(2016年)
PRICE INDICES OF CAPITAL GOODS IN THE AGRICULTURAL SECTOR BY CATEGORY AND PROVINCES (2016)

(上年价格=100) (preceding year=100)

地 区	Region	总指数 General Index	农用手工工具 Farm Handtools	饲料 Forages	产品畜 Commodity Animals	半机械化农具 Semi-mechanized Farm Tools	机械化农具 Mechanized Farm Machinery
全 国	**Total**	**100.1**	**101.0**	**95.5**	**126.9**	**99.5**	**100.0**
河 北	Hebei	100.0	99.9	96.0	133.5	100.3	100.6
山 西	Shanxi	99.8	102.9	90.8	134.9	97.5	98.1
内蒙古	Inner Mongolia	96.4	99.4	84.7	114.5	98.6	99.2
辽 宁	Liaoning	100.4	100.1	97.5	131.2	99.4	99.6
吉 林	Jilin	97.4	98.2	90.9	127.8	99.7	102.8
黑龙江	Heilongjiang	100.0	100.6	100.0	112.2	97.8	100.3
江 苏	Jiangsu	99.9	100.1	95.1	129.3	100.5	100.0
浙 江	Zhejiang	99.5	100.6	94.1	116.8	99.8	100.1
安 徽	Anhui	99.4	103.7	94.5	132.3	99.7	101.9
福 建	Fujian	100.2	100.3	96.9	120.7	99.8	100.3
江 西	Jiangxi	101.3	100.0	101.2	125.2	100.3	100.0
山 东	Shandong	98.9	100.1	90.9	131.4	98.4	99.3
河 南	Henan	100.8	104.3	98.2	151.6	101.1	99.5
湖 北	Hubei	100.3	101.2	98.6	119.7	100.0	99.7
湖 南	Hunan	101.7	106.2	100.3	121.9	99.7	98.8
广 东	Guangdong	102.0	103.3	99.3	126.2	100.8	98.9
广 西	Guangxi	100.7	100.4	94.1	138.7	99.9	100.0
海 南	Hainan	100.1	108.0	94.9	107.2	99.8	103.2
四 川	Sichuan	103.7	100.1	95.2	139.1	98.5	98.1
贵 州	Guizhou	103.0	99.7	99.0	125.1	100.2	99.4
云 南	**Yunnan**	**102.8**	**100.0**	**96.8**	**127.1**	**99.9**	**99.9**
西 藏	Tibet	100.4	100.7	100.2	101.5	100.3	100.1
陕 西	Shaanxi	99.7	97.5	91.3	134.2	98.4	97.9
甘 肃	Gansu	99.9	101.0	98.5	114.9	99.4	99.7
青 海	Qinghai	101.5	100.1	95.1	123.1	100.0	99.8
宁 夏	Ningxia	98.3	100.0	89.7	108.8	100.0	99.6
新 疆	Xinjiang	98.2	100.5	95.0	109.8	99.5	99.7

附录1-12 续表 Continued

(上年价格=100) (preceding year=100)

地 区	Region	化学肥料 Fertilizers	农药及农药械 Pesticide and Its Appliances	农用机油 Oil for Farm Machinery	其他农业生产资料 Other Means of Agricultural Production	农业生产服务 Service for Agricultural Production
全 国	**Total**	**96.9**	**99.9**	**96.6**	**99.9**	**101.5**
河 北	Hebei	98.3	98.6	98.4	99.4	100.3
山 西	Shanxi	99.2	99.6	96.7	101.0	101.4
内蒙古	Inner Mongolia	96.4	97.2	95.3	96.8	101.2
辽 宁	Liaoning	95.8	99.4	98.5	101.6	99.8
吉 林	Jilin	91.3	99.2	95.1	97.9	100.6
黑龙江	Heilongjiang	97.9	99.9	96.0	100.0	99.8
江 苏	Jiangsu	96.0	100.4	94.6	100.9	102.8
浙 江	Zhejiang	98.1	100.8	99.2	102.2	102.3
安 徽	Anhui	94.8	98.9	95.3	100.1	102.4
福 建	Fujian	98.7	99.1	98.0	99.8	101.5
江 西	Jiangxi	97.8	98.3	97.5	98.4	102.0
山 东	Shandong	96.1	100.7	100.3	101.6	103.0
河 南	Henan	95.7	99.1	95.2	98.3	101.5
湖 北	Hubei	96.6	100.3	95.4	100.0	103.7
湖 南	Hunan	101.2	100.2	96.8	99.4	102.3
广 东	Guangdong	99.6	100.9	96.6	101.2	101.0
广 西	Guangxi	98.2	99.5	95.7	99.0	102.0
海 南	Hainan	99.0	104.7	97.4	99.7	105.3
四 川	Sichuan	98.8	100.0	96.2	100.9	102.5
贵 州	Guizhou	99.4	98.5	97.7	99.3	104.7
云 南	**Yunnan**	**98.6**	**101.8**	**97.4**	**100.6**	**102.2**
西 藏	Tibet	99.6	100.4	98.3	100.0	101.8
陕 西	Shaanxi	96.0	100.2	96.0	101.3	102.2
甘 肃	Gansu	95.8	99.9	94.5	100.1	101.8
青 海	Qinghai	**98.5**	**100.7**	**96.2**	**101.4**	**100.4**
宁 夏	Ningxia	96.2	100.0	98.5	99.7	100.1
新 疆	Xinjiang	92.2	101.6	95.4	99.4	100.8

附录1-13 2010-2016年全国各地区农村贫困人口规模
THE SCALE OF THE RURAL POVERTY ALLEVIATION BY PROVINCES(2010-2016)

单位：万人 (10000 persons)

地 区	Region	2010	2011	2012	2013	2014	2015	2016
北 京	Beijing	1	2	1	•	•	•	•
天 津	Tianjin	8	5	1	•	•	•	•
河 北	Hebei	872	561	437	366	320	241	188
山 西	Shanxi	574	444	359	299	269	223	186
内蒙古	Inner Mongolia	258	160	139	114	98	76	53
辽 宁	Liaoning	213	157	146	126	117	86	59
吉 林	Jilin	216	140	103	89	81	69	57
黑龙江	Heilongjiang	239	155	130	111	96	86	69
上 海	Shanghai	•	•	•	•	•	•	•
江 苏	Jiangsu	187	123	106	95	61	•	•
浙 江	Zhejiang	148	94	83	72	45	•	•
安 徽	Anhui	839	710	543	440	371	309	237
福 建	Fujian	167	114	87	73	50	36	23
江 西	Jiangxi	538	438	385	328	276	208	155
山 东	Shandong	544	345	313	264	231	172	140
河 南	Henan	1461	955	764	639	565	463	371
湖 北	Hubei	678	488	395	323	271	216	176
湖 南	Hunan	1006	908	767	640	532	434	343
广 东	Guangdong	314	166	128	115	82	47	•
广 西	Guangxi	1012	950	755	634	540	452	341
海 南	Hainan	133	88	65	60	50	41	32
重 庆	Chongqing	363	202	162	139	119	88	45
四 川	Sichuan	1409	912	724	602	509	400	306
贵 州	Guizhou	1521	1149	923	745	623	507	402
云 南	**Yunnan**	**1468**	**1014**	**804**	**661**	**574**	**471**	**373**
西 藏	Tibet	117	106	85	72	61	48	34
陕 西	Shaanxi	756	592	483	410	350	288	226
甘 肃	Gansu	862	722	596	496	417	325	262
青 海	Qinghai	118	108	82	63	52	42	31
宁 夏	Ningxia	77	77	60	51	45	37	30
新 疆	Xinjiang	469	353	273	222	212	180	147

附录1-14　2010-2016年全国各地区农村贫困发生率

THE INCIDENCE RATE OF RURAL POVERTY BY PROVINCES(2010-2016)

单位：%　　(%)

地　区	Region	2010	2011	2012	2013	2014	2015	2016
北　京	Beijing	0.3	0.3	0.2	•	•	•	•
天　津	Tianjin	2.0	1.2	0.2	•	•	•	•
河　北	Hebei	15.8	10.1	7.8	6.5	5.6	4.3	3.3
山　西	Shanxi	24.1	18.6	15.0	12.4	11.1	9.2	7.7
内蒙古	Inner Mongolia	19.7	12.2	10.6	8.5	7.3	5.6	3.9
辽　宁	Liaoning	9.1	6.8	6.3	5.4	5.1	3.8	2.6
吉　林	Jilin	14.7	9.5	7.0	5.9	5.4	4.6	3.8
黑龙江	Heilongjiang	12.7	8.3	6.9	5.9	5.1	4.6	3.7
上　海	Shanghai	0.1	•	•	•	•	•	•
江　苏	Jiangsu	3.8	2.5	2.1	2.0	1.3	•	•
浙　江	Zhejiang	3.9	2.5	2.2	1.9	1.1	•	•
安　徽	Anhui	15.7	13.2	10.1	8.2	6.9	5.8	4.4
福　建	Fujian	6.2	4.2	3.2	2.6	1.8	1.3	0.8
江　西	Jiangxi	15.8	12.6	11.1	9.2	7.7	5.8	4.3
山　东	Shandong	7.6	4.8	4.4	3.7	3.2	2.4	1.9
河　南	Henan	18.1	11.8	9.4	7.9	7.0	5.8	4.6
湖　北	Hubei	16.9	12.1	9.8	8.0	6.6	5.3	4.3
湖　南	Hunan	17.9	16.0	13.5	11.2	9.3	7.6	6.0
广　东	Guangdong	4.6	2.4	1.9	1.7	1.2	0.7	•
广　西	Guangxi	24.3	22.6	18.0	14.9	12.6	10.5	7.9
海　南	Hainan	23.8	15.5	11.4	10.3	8.5	6.9	5.5
重　庆	Chongqing	15.1	8.5	6.8	6.0	5.3	3.9	2.0
四　川	Sichuan	20.2	13.0	10.3	8.6	7.3	5.7	4.4
贵　州	Guizhou	45.1	33.4	26.8	21.3	18.0	14.7	11.6
云　南	**Yunnan**	**39.6**	**27.1**	**21.6**	**17.7**	**15.5**	**12.7**	**10.1**
西　藏	Tibet	49.2	43.9	35.2	28.8	23.7	18.6	13.2
陕　西	Shaanxi	27.3	21.4	17.5	15.1	13.0	10.7	8.4
甘　肃	Gansu	41.3	34.6	28.5	23.8	20.1	15.7	12.6
青　海	Qinghai	31.5	28.5	21.6	16.4	13.4	10.9	8.1
宁　夏	Ningxia	18.3	18.3	14.2	12.5	10.8	8.9	7.1
新　疆	Xinjiang	44.6	32.9	25.4	19.8	18.6	15.8	12.8

附录1-15 2015-2016年贫困地区分省农村常住居民人均收入与消费情况
PER CAPITA INCOME AND CONSUMPTION EXPENDITURE OF RURAL PERMANENT RESIDENTS BY PROVINCES(2015-2016)

单位：元 (yuan)

地 区	Region	人均可支配收入 Per Capita Disposable Income		人均消费支出 Per Capita Consumption Expenditure	
		2015	2016	2015	2016
河 北	Hebei	7575	8382	6738	7171
山 西	Shanxi	6078	6623	5455	5841
内蒙古	Inner Mongolia	8201	9005	7886	8377
吉 林	Jilin	7045	7669	6607	7272
黑龙江	Heilongjiang	7174	7828	5930	6471
安 徽	Anhui	8952	9890	8227	9178
江 西	Jiangxi	7759	8643	6763	7330
河 南	Henan	8865	9735	6529	7157
湖 北	Hubei	8682	9502	7798	8499
湖 南	Hunan	7222	8029	7054	7825
广 西	Guangxi	7927	8800	6991	7755
海 南	Hainan	8284	9163	7091	7697
重 庆	Chongqing	9120	10244	8170	9119
四 川	Sichuan	7966	8799	6903	7757
贵 州	Guizhou	7171	7894	6498	7327
云 南	**Yunnan**	**7070**	**7847**	**5686**	**6275**
西 藏	Tibet	8244	9094	5580	6070
陕 西	Shaanxi	7692	8424	6934	7615
甘 肃	Gansu	5782	6323	5452	5857
青 海	Qinghai	6975	7772	7167	8379
宁 夏	Ningxia	7255	7937	7060	7728
新 疆	Xinjiang	7341	8055	5434	5633